失われた週末

THE LOST WEEKEND

スクリーンプレイ

この映画について

　『失われた週末』(The Lost Weekend, 1945) は深刻なアルコール常用癖を抱えた落第作家の苦痛と屈辱に満ちた姿を、妥協を許さぬカメラワークでつぶさに捉えた作品である。この人間の暗部にスポットを当てたドラマティックな社会派映画は、ナチスの脅威を逃れヨーロッパからアメリカに渡ったワイルダー (Billy Wilder, 1906 - 2002) 監督の4作目であると同時に、ハリウッドの革新的な作品でもあった。それは過度の飲酒をそれまでの映画に見られるように、滑稽に描いて楽しんだこととは異なり、アルコール中毒という問題を初めて深刻な現代の社会的病として取り上げたからである。

　ワイルダーがこの問題に正面から向き合うこととなったそもそものきっかけは、『深夜の告白』(Double Indemnity, 1944) の脚本を手がけたときの探偵作家チャンドラー

（Raymond Chandler, 1888 - 1959）だった。気性の激しいワイルダーとの共同作業によるストレスで、アルコール依存症から回復しつつあったチャンドラーが再び酒に向かった姿を目の当たりにしたワイルダーは「酔っ払いが笑いの対象にならない最初の映画をぜひとも作りたい」と思うに至ったのである。そんな折、ジャクソン（Charles R. Jackson, 1903 - 68）の小説 The Lost Weekend（1944）を読み、心打たれた彼は、さっそくパラマウント社に映画化権の購入を依頼する。そして 1936 年以来、コンビを組んで数々の脚本を世に送り出してきたブラケット（Charles Brackett, 1892 - 1969）にその作品を手渡した。妻、さらには娘までがアル中だったブラケットは「これまで読んだどの恐怖小説よりも恐怖に満ち溢れている」と叫び、諸手を挙げて賛成する。

　実際、ジャクソンの小説は単なる想像力の産物ではなく、作者自らのすさまじい体験を綴ったものであるだけに実に迫力のあるものだった。彼のアルコール依存症による苦悩に満ちた日々を綴ったこの告白本は、酒におぼれていく自分の姿と、酒で身を滅ぼした偉大な作家フィッツジェラルド（F. Scott Fitzgerald, 1896 - 1940）を重ね合わせて描いたものだ。ただし映画ではフィッツジェラルドへの言及はなく、バーナムの本棚に彼の作品が置かれているに過ぎないが、この屈辱的で自己破壊的な主人公の間接的なモデルが彼であったことは明白である。バーナムがアイビーリーグの教育を受け、端正な容姿と、誰もが好きになる好人物、そしてフィッツジェラルドの文学が語られるときしばしば使われる「あれほどの才能とひらめき」といった表現がそれを暗示しているだろう。

　さて、こうした主人公であればこそ、キャスティングは難しい。破滅的な雰囲気もさることながら、繊細な表情や知性を感じさせる役者でなければならないからだ。そのためワイルダーが酔っ払い作家に考えていたブロードウェイの悪役ホセ・フェラー（José Ferrer, 1912 - 92）をパラマウントの重役たちが一蹴したのは当然だったのかも知れない。彼らは誰もが助けてやりたいと思えるような魅力的で、好感の持てる人物を念頭に、イギリス人俳優ミランド（Ray Milland, 1905 - 86）に白羽の矢を立てた。とはいえ、パラマウントのプロデューサー、シルヴァ（Buddy De Sylva, 1895 - 1950）から「これを読んで勉強しろ。君はこれをやるんだ」という走り書きしたメモと原作を渡されたミランドは躊躇する。1931 年から多くの作品で二枚目俳優としてならしてきた彼が、執筆の苦しみ、

想像力の枯渇、そして差し迫った破滅の恐怖から、安酒に逃避し、おぼれる惨めな作家を演じるのは危険な賭けだったからである。

　悩むミランドに冒険を勧める妻と、成功の階段を着実に昇りつつあったワイルダーとブラケットの脚本という事実が彼の決断を促した。そして酔っ払いのやつれ、衰えた表情を出すために、体重を落とすとともに、アル中患者の実態を自分の目で確かめるべく、ニューヨークにあるベルビュー病院のアルコール中毒患者病棟に潜り込んだ。「その場所にはさまざまなにおいが漂っており…なかでも汚水溜めのごとき悪臭は最悪だった。そしてうめき声、静かな泣き声がこだまするなか、1人の男が意味不明のことを口走っていた」と彼は言う。そして、その夜、叫び声を発しながら飛び込んできた患者によって病棟がパニックに陥ると、彼は映画さながらに、その場から着の身着のままの姿で外の通りへと逃げ出した。だが、たまたま居合わせた警察官に呼び止められ、解放されるまで、30分にわたって事情を説明しなければならなかったという。後に、この出来事を聞いたワイルダーはおもしろがって、映画にベルビューの同じ病室を使い、撮影した。ただし、病室の描かれ方があまりにひどかったことから、ショックを受けた病院側はハリウッドには二度と撮影を許可しないと断言した。

　1945年11月16日の公開に先立ってサンタバーバラで行われた覆面試写の結果は散々だった。そのため重役たちの間からは一般公開に対する慎重論まで飛び出した。また酒造業界もこの映画の公開による打撃を恐れ、ひそかに暗黒街の首相といわれたギャングのフランク・コステロ（Frank Costello, 1891 - 1973）を仲介役に立て、500万ドルでネガの買い取りを申し出る。だが、社長バラバン（Barney Balaban, 1887 - 1971）の「製作した映画を、簡単に放棄するといった愚かなことはすべきでない」の一声で、背景音楽をガーシュイン風のものから、映画の内容に合わせ、観客に異常な緊張感とスリルを与える電子楽器テルミンによる不気味な音に変えるなどの工夫を凝らし、なんとか公開にこぎつけた。もちろんバラバンの判断が正しかったことは言うまでもない。1946年3月7日、グローマンズ・チャイニーズ劇場で行われた第18回アカデミー賞授賞式では7部門にノミネートされ、作品賞、監督賞、主演男優賞、脚色賞で受賞した。わずか数か月前の悪夢がまるでうそのような、有無を言わさぬ圧倒的な勝利であった。

曽根田　憲三（相模女子大学教授）

アルコール依存症について

　一体、ショットグラス何杯、ボトル何本分のウイスキーを主人公ドン・バーナムは飲み干したのであろうか…。本作『失われた週末』の物語は、アルコール依存に苦しむドンと彼を支える恋人ヘレン、兄ウィックをめぐって展開される。「失われた週末」の名は、その後ジョン・レノンがアルコール依存に苦しんだ一時期がなぞらえられるなど、アルコール依存症を語る際の代名詞的な存在ともなっている。

　アルコール依存症とは、劇中のドンの姿に象徴されるように、飲酒を自らの意志でコントロールできない症状のことを指す。「アルコール中毒」、「アル中」という言葉が聞かれることも多いが、現在では「アルコール依存症」の名称が一般に用いられている。このような呼称の前提にあるのは、アルコール依存症が、単に本人の意志の弱さや誤った倫理観によるものではなく、医学的な見地から治療の必要な疾患、すなわち「病気」の1つであるという認識である。

　飲酒それ自体は、多くの人々にとって日常の楽しみの一部であり、害悪では決してないはずである。しかし、依存症患者、そしてそれを支える周囲の人間にとって、酒は悪魔のような存在となる。患者は、時に昼夜問わずにアルコールを欲し、職場や家庭において隠れてでも飲酒を続ける。いわば「強迫的」に酒を渇望する。

　だが本人は、必ずしも「病気」であると認識しているとは限らず、ドンがそうであったように、アルコールがなければ小説が書けない──つまり仕事ができない──とすら考えている。しかし、肝硬変や脂肪肝、アルコール性肝炎や肝臓がんといった内臓疾患などの身体的疾患はもちろん、それによって精神疾患、例えばうつ病や統合失調症、パニック障害などが誘発されることもある。さらに、そして患者本人の家族に対する暴力行為や器物への破壊行為によって引き起こされる社会的な問題…、アルコール依存症がもたらす悲劇は限りなく存在する。

アルコール依存という病が深刻なのは、それが一度発症したら極めて治癒困難だからである。断酒以外に治療への有効な手立てはないものの、劇中でも繰り返し描かれていたように、アルコール依存症の人間にとって、断酒は極めて困難な作業である。

本人も決して現状を良かれと思っておらず、酒量を減らすべく努力する意志を持っていることも少なくない。周囲も酒を断つようたしなめる。にもかかわらず、ひとたびバーカウンターに腰を落ち着けてしまえば、「一杯だけ」で済まされることなくグラスが次々と空けられていく。自身を気遣う兄や恋人への罪悪感にさいなまれるも、かえってそれが「次の一杯」への引き金にすらなるのである。

さらに、断酒による離脱症状では、ドンがそうであったように幻覚や妄想に至る場合もあり、それゆえ階段から転落した彼が運び込まれた場所のようなアルコール依存症患者に対して入院治療を行う病院が存在している。しかし、酒は多くの人々が日常的にたしなむものであり、手軽に購入可能である。そのため、ひとたび断酒に成功しても、永遠にその誘惑に打ち勝ち続けるのもまた、非常に難しい。「ほどほど」のつもりで再開した飲酒によって、かえって重度のアルコール依存に陥る例も少なくない。『失われた週末』には、アルコール依存症をめぐる困難が幾重にも描き出されているのである。

アルコール依存症患者の治療では、医療機関によるもののほか、古くから患者同士のコミュニケーションを支援する自助グループも存在し、さまざまな取組みが行われている。にもかかわらず、依存症患者を確実に治癒する方法、患者を「普通に飲酒を楽しむ」ことができる状態に戻す治療法は、いまだ見つかっていない。ヘレンの愛によって更生を誓った主人公ドンの「その後」にもまた、高く険しい道程が続いているのであろう。

鈴木　涼太郎（相模女子大学准教授）

この映画の魅力

　第2次世界大戦の戦勝にわくアメリカで、極めてユニークな作品が名匠ビリー・ワイルダー監督によって作られた。『失われた週末』(1945)は、アルコール依存症という病の精緻な観察がテーマであるにもかかわらず、巧妙なサスペンス構成と映像・音響によって高い芸術性が与えられている。人間の屈折した異常心理を描いたいわゆる「ニューロティック映画」の先駆的作品であり、フィルム・ノワールの古典的名作『深夜の告白』(1944)に続いて製作されたワイルダー作品の傑作である。

　「俺は酒飲みなんかじゃない、俺が酒に飲まれているんだ」のセリフ通り、アル中の主人公ドンの週末の5日間が過去のフラッシュバックを交えて展開する。重度の依存症に典型的な症状――飲酒を自分の意思でコントロールできなくなる精神的依存に責任放棄、断酒時の妄想や幻覚などの離脱症状、攻撃的で自己中心的な人格変化など――がリアリスティックに描写されている。薬物やアルコール依存者を描いた作品は近年数多く作られているが、本作がそれらと一線を画しているのは、主人公の描写から感傷主義を排し、破滅的な病をメロドラマ化することなく冷静に取り上げている点にある。ドンの兄ウィックや恋人ヘレンは、ドンにとっては「イネーブラー」という用語で呼ばれる共依存者であり、彼らの長期にわたる経済的援助や献身は、本人の中毒症状をかえって助長させる役割を果たしている。結果としてドンはうそを重ねて彼らを裏切り、ついには酒のためにバーでの窃盗、酒屋での恐喝といった犯罪行為にまで及んでしまう。物語は自殺を決意したドンをヘレンが思いとどめ、彼が作家として再起を誓う場面で終わる。しかし、その後の彼の再生を楽観する鑑賞者はほとんどいないであろう。タイプライターが再び酒ビンに、そして拳銃に替わる可能性の方がはるかに高いと思われる。彼の回復の助けとなるのは、ヘレンよりもむしろ厳しく本人に対峙し、絶望の中から「底付き体験」を得させようとする閉鎖病棟の看護師ビムやバーテンダー

のナットのような役割なのかもしれない。感傷主義やロマンティックな要素を極力削ぎ落とすことで、依存症という病により真摯に肉薄した稀有な作品と言えよう。

　ではこのアルコール依存症という共有し難い心理状態の再現がおもしろくないかと言えば、全くその逆であり、ワイルダー監督が最も得意とするサスペンス構成に冒頭のシーンから惹きこまれることになる。窓の外に吊り下げられたウイスキーのビン。ドンの正気を失わせる凶器であり、裏切り行為の象徴であるビンの在り処が露呈する瞬間をわれわれは彼と共に固唾を飲んで見守る。自分で買った酒ビンの隠し場所を忘れて狂ったように酒を探すドンの頭上に奇妙に美しく映るビンの影。このとき、彼には見えない秘密をわれわれだけが目前にしている。バーでグラスを干す度に1つ、また1つと増えていく水の円環の輝き。オペラの舞台上に浮かぶ酒ビンの幻覚。離脱症状で憔悴しきったドンが酒を請うときのぎらぎらと黒く光る眼。ワイルダーはわれわれの視点を時には主人公に、時には傍観者に巧妙に転換させる。それによってわれわれは落ちてゆく主人公の心の間近に迫り、そこに広がる闇をのぞくことができるのである。光と影の演出の見事さに加え、ミクロス・ロージャによる電子楽器テルミンのSF的音階が一層不安と枯渇感をかき立てる。そして何よりも、ドンを演じたレイ・ミランドの迫真の演技によって、酒という麻薬に翻弄されるジャンキーが危うい人格の境界線を超える瞬間をわれわれは目の当たりにするのだ。

　アルコール依存症とは、中毒者が自身の罹病をかたくなに認めない「否認の病」と言われる。『失われた週末』は、蔓延することがあっても表面化することの少ないこの病に正面から取り組み、観る者すべてを惹き込む異色の傑作である。ワイルダー作品のテーマの多様さと構成の巧妙さに改めて驚嘆させられる。

　　宮本　節子（相模女子大学准教授）

CAST

Ray Milland
レイ・ミランド

1905年1月3日イギリス・ウェールズ生まれ、1986年3月10日没。大学卒業後、ロンドンへ行き近衛騎兵連隊に入隊する。友人の女優がいる映画セットを訪れたところスカウトされ、スパイク・ミランドという名前で映画デビューする。数本の映画に出演後、ハリウッドに渡りMGMと契約するも、翌年には契約を切られイギリスに戻る。しかし、再び渡米しパラマウントと契約すると徐々に人気を得、本作でアカデミー賞主演男優賞を受賞する。その後、監督業も手掛け、1950年代からはテレビシリーズにも出演した。ほかに、『ダイヤルMを廻せ!』(1954)、『ある愛の詩』(1970)などに出演。

Jane Wyman
ジェーン・ワイマン

1917年1月5日ミズーリ州生まれ、2007年9月10日没。1936年にワーナー・ブラザースと契約し、女優として活動を始める。ブロンドの娘役などが多かったが、1940年の初めごろからコメディやメロドラマに移行し、本作で注目を集める。翌年の『子鹿物語』(1946)でアカデミー賞主演女優賞にノミネートされると、ろうあのレイプ被害者を演じた『ジョニー・ベリンダ』(1948)で同賞を獲得する。その後、アルフレッド・ヒッチコックの『舞台恐怖症』(1950)やフランク・キャプラの『花婿来たる』(1951)などに出演。また、テレビシリーズにも多く出演し、エミー賞にもノミネートされている。

Phillip Terry
フィリップ・テリー

1909年3月7日カリフォルニア州生まれ、1993年2月23日没。大学在学中に演劇に興味を持ち、ロンドンに渡り王立演劇学校で学ぶ。その後、アメリカに戻るとラジオでシェークスピアなどの古典を演じていたのがきっかけでMGMと契約し、*Mannequin*（1937）などの作品に出演。その後、パラマウント、RKOと契約し多くの映画に出演した。

Howard Da Silva
ハワード・ダ・シルバ

1909年5月4日オハイオ州生まれ、1986年2月16日没。製鋼工をしていたが、ニューヨークで舞台デビュー。多くの舞台に出演した後、1935年に端役で映画デビューする。『海の狼』（1941）、本作や『夜の人々』（1949）などが有名だが、映画よりも舞台で活躍した。*Fiorello!*ではトニー賞にノミネートされるも、受賞はならなかった。

DIRECTOR

Billy Wilder / ビリー・ワイルダー

1906年6月22日オーストリア＝ハンガリー帝国ズーハ（現ポーランド・マウォポルスカ県）生まれ、2002年3月27日没。ベルリンで新聞記者として活躍した後、映画の脚本家として活動を始めるが、極貧生活を送る。『日曜日の人々』（1930）、『街の子スカンポロ』（1932）などで注目を浴びるが、ナチスの台頭によりユダヤ系であった彼は、アメリカに渡る。そして、チャールズ・ブラケットと共同で『ニノチカ』（1939）、『サンセット大通り』（1950）など数々の名作を執筆。監督としても活躍し、本作でアカデミー賞作品賞、監督賞などを受賞しており、ハリウッドを代表する監督の1人でもある。

この映画の英語について

　少しのつもりで酒を飲みに行っても、いつの間にやら２軒目、３軒目へと行ってしまい飲み過ぎてしまう…。酒をたしなむ人は多かれ少なかれこのような経験に心当たりがあるのではないかと思うが、酒も度を越し、依存症にまでなるといかに怖いものであるかを、この映画はリアルに描いている。

　ニューヨークに住む売れない作家ドンは、小説が書けないことから酒に逃避し、それが高じてアルコール依存症になってしまう。その主人公の英語には、酒を何とか手に入れようとする欲求とその状況から脱することのできない苦悩の気持ちが至る所に現れる。ドンが恋人ヘレンの両親と会う日も、自分への自信のなさからちょっと一杯ひっかける。しかし、後で "I had to have a drink first. Just one. Only the one didn't do anything to me." と後悔するように、その一杯は一杯で終わらなかった。自分がアルコール中毒であることをヘレンに打ち明けたドンは、"There are two of us, you know; Don the drunk and Don the writer." と、自分の中にいるアル中のドンと作家のドンとの間での葛藤を語る。

　ナットの酒場での回想後、一度は再度小説を書く決心をしたドンであったが、書くことに行き詰るとすぐに酒の誘惑に駆られる。タイプライターを質に入れようと、酒代を求めてさまよい歩くドンの姿はまるで狂気の沙汰である。なじみの店のナットには、"I'm begging you. Give me one, Nat." と請い、一杯だけ恵んでもらう。さらには顔見知りの女給グロリアの自宅まで訪ね、"I need some money." "Could you let me have some money?" と言って金を借りるが、ふらふらなドンは階段から落ち、気絶してしまうのである。

　この映画の英語に関してもう一つ注目すべき点は、ドンに対する一途な愛情から、献身的に何とかドンを立ち直らせようとする恋人ヘレンの発話である。ドンがアル中であることを知ったヘレンだが、"Because I've got a rival? Because you're in love with this? You don't know me, Don. I'm going to fight and fight and fight." とアルコールを自分の恋敵として戦う強い決意を表明する。また更生を試みるドンの苦悩に対しても、"I know you're trying, Don. We're both trying. You're trying not to drink and I'm trying not to love you." と言って励ます。

　禁断症状にまでさいなまされたドンはついに自殺を決意する。それを知ったヘレンはドンに、"You need this, Don. Drink it. I want you to drink it. I'll get you some more. I'll get you all you want." "It's just that I'd rather have you drunk than dead." と、死んでしまうくらいなら酔っ払いでもいいと、必死に自殺を思いとどまらせようとする。すべてを捨て去ろうとするドンと、ドンに生へのこだわりを持たせようと説得するヘレンとのやり取りが続くが、最後はドンの再起に向けての一抹の光が見えてくるエンディングとなっている。

　アルコール依存症ではあるが作家であるドンの発話は表現力が豊かであり、恋人ヘレンの説得にも力強さを感じる。その発話に使われる英語も、クラッシック映画に特有のしっかりした構文を保っており、重要な文法項目も多く含まれている。本書が、苦悩や愛情を映し出すドンやヘレンの表現と共に英文理解に必要な語彙や文法の学習の一助となることを願っている。

羽井佐　昭彦（相模女子大学教授）

スクリーンプレイ・シリーズについて

【スクリーンプレイ・シリーズとは？】

　名作映画完全セリフ集『スクリーンプレイ・シリーズ』は、映画のセリフとト書き（シーンの説明）を完全に英語および日本語で文字化したもので、映画をバイリンガルな読物として楽しむことができ、また英会話学習にも利用できるシリーズの名称です。

【スクリーンプレイ・シリーズの特徴】

◆ 映画のすべてのセリフを、可能な限り正確に英文化しています。そのため発音上の短縮や連結、また文法違反もそのまま表記しています。
◆ 映画を読み物として楽しめるように、シーンの説明を表すト書きを、映画台本にあるカメラワークなどの無駄な説明を省き、簡潔に表示・編集しています。
◆ ト書きは、ビデオ・DVDなどと併用して英語学習をしやすいようにイタリック体で表記しているので、読み飛ばすことも可能です。
◆ 映画のセリフおよびト書き部分を、省略翻訳ではなく、全文を完全に日本語対訳しています。訳は対訳性を重視し、あまり意訳をしていません。
◆ 左頁には、英語初級者でも辞書を引かなくても意味がわかるように、セリフやト書き部分から幅広く選択した語句の日本語訳を表示しています。
◆ 右頁には、セリフやト書きの特別な言い回し・俗語・固有名詞などの詳しい解説や例文、英語訳などがついています。解説のある語句・文章は左頁に ➋ で示されます。
◆ 映画を10のチャプターに分けて編集し、チャプターごとにDVDの時間表示をしていますので、観たい場面を探しやすくなっています。
◆ 映画のこぼれ話や俳優の紹介など、映画に関するコラムを数ヶ所に掲載しています。

【映画をベースにした英語・英会話学習の特徴】

・(楽しく) 好きな映画を選択することで、英語・英会話学習が根本的に楽しくなります。
・(継続的) 映画を観るときと同じように、復習が、無理なく何回でもできるようになります。
・(実践的) 映画の英語は、実際の日常会話ですから、学習は限りなく実践的となります。
・(印象的) 記憶力に頼らず一つひとつの言葉が状況、背景とともに印象的に学習できます。
・(現実的) 決まり文句、スラング、ジョーク、ユーモア、現代用語など今すぐ使える英語が学べます。
・(目的別) 同種の映画を複数選択すれば、ビジネスなど目的別の集中英語学習が可能です。
・(段階的) 選択映画の難易度レベルを合わせれば、個人の能力別かつ段階的に学べます。
・(個人的) 特定の先生や教室を必要とせず、いつでも、どこでも、自分一人で学べます。
・(文法も) 会話だけでなく、単語、熟語、文型、構文など、英文法も効果的に学べます。
・(読解も) 優秀な映画シナリオは本来、最高の芸術作品であり、英文読解の学習に最適です。
・(文化も) 映画を通して世界の異文化、歴史、民族、風土、政治経済、思想も学べます。

クラシック・スクリーンプレイ DVD について

【クラシック・スクリーンプレイ DVD とは?】

クラシック・スクリーンプレイに付属している DVD の名称であり、映画全編が収録されています。音声は英語のみ収録されており、字幕は日本語・英語ともについておりません。

【なぜ字幕がついていないの?】

学習者が英語のセリフを頭の中で日本語に訳すことなく、英語のまま理解できるようになることを目的としているからです。字幕なしの DVD を使って生きた英語をそのまま理解しようと努め、くりかえし学習することで、リスニング力強化の効果が高まります。

【クラシック・スクリーンプレイ DVD の使い方】

DVD をプレーヤーに入れると、スクリーンプレイの商標、「おことわり」が表示された後、「メイン・メニュー画面」が表示されます。

【メイン・メニュー画面】

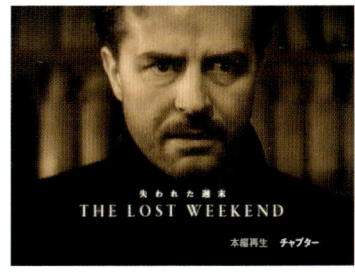

◆本編再生
ここを選択すると映画本編が冒頭から始まります。

◆チャプター
ここを選択すると、チャプター・メニュー画面が表示されます。

【チャプター・メニュー画面】

◆チャプターの選択
本書で分けた 10 のタイトルに対応しています。各タイトルを選択すると、該当箇所から映画が始まります。

◆メイン・メニュー
メイン・メニュー画面に戻ります。

# リスニング難易度表

　スクリーンプレイ編集部が独自に採点したこの映画の「リスニング難易度」評価一覧表です。リスニングのポイントを9つの評価項目に分け、通常北米で使われている会話を基準として、それぞれの項目を5段階で採点。また、その合計点により、映画全体のリスニング難易度を初級・中級・上級・最上級の4段階で評価しました。評価の対象となったポイントについては、コメント欄で簡単に紹介されています。英語を学ぶ際の目安として参考にしてください。なお、映画全体の英語に関する詳しい説明につきましては、「この映画の英語について」をご参照ください。

評価項目	易 ——————→ 難	コメント
会話スピード Conversation Speed	Level 3	平均的である。
発音の明瞭さ Pronunciation Clarity	Level 2	明瞭である。
アメリカ訛 American Accent	Level 4	標準的なアメリカ英語。ナットの話し方にはニューヨーク訛りが見られる。
外国訛 Foreign Accent	Level 1	見られない。
語彙 Vocabulary	Level 3	平均的である。
専門用語 Jargon	Level 3	アルコールに関する用語が見られる。
ジョーク Jokes	Level 1	見られない。
スラング Slang & Vulgarity	Level 3	アルコールに関するスラングが見られる。
文法 Grammar	Level 2	おおむね標準であるが、ナットの英語に非標準の文法が見られる。

ほぼすべての登場人物の会話速度、アクセント、発音は標準的である。しかし、ナットなど数人の登場人物が使う英語には、ニューヨーク訛りや方言が見られる。アルコール依存症がテーマの映画なので、アルコールに関する用語が多く見られる。

TOTAL SCORE : **22**	9〜16 = 初級	**17〜24 = 中級**	25〜34 = 上級	35〜45 = 最上級

THE LOST WEEKEND™

CONTENTS

1. *For Another Bottle*   もう１本酒をくれ ……………… 18

2. *Breach and Despair*   約束破棄と自暴自棄 ……… 36

3. *The Bottle*   酒ビン ………………………………… 54

4. *The Leopard Coat*   ヒョウの毛皮のコート …… 68

5. *Her Rival*   彼女のライバル ……………… 80

6. *Without Drinking...*   酒を飲まないと… ……………… 102

7. *Dying for Alcohol*   酒が欲しくて ……………… 112

8. *Alcoholic Ward*   アルコール中毒患者病棟 … 120

9. *A Hallucination*   幻覚 ……………………………… 130

10. *To Make a Comeback*   立ち直るために ……………… 140

コラム
アルコール依存症について …………………………………… 6
テルミンについて ………………………………………………… 34
ライ・ウイスキーについて ……………………………………… 52
禁酒法について …………………………………………………… 66
原作者チャールズ・ジャクソンについて ……………………… 158

【時間表示について】

当書の各章の冒頭に印刷してある時間は、その映画シーンをサーチ（頭出し）するための「目安」として表示しています。
【TIME】は映画の開始時点を［00:00:00］（ゼロ点）とした上での通過時間を表示しています。但し、クラシック・スクリーンプレイDVD以外のDVDやビデオなどで映画をご覧いただく場合、おのおのご使用の機種により多少の誤差がある場合がありますので、ご注意ください。この場合、「□□□…欄」にご使用機種の独自のカウンター番号をご記入ください。

For Another Bottle

EXT. / INT. MANHATTAN SKYLINE / APARTMENT - DAY - Many high-rise buildings in New York can be seen. The camera pans around to an apartment. On a string from an open window hangs a bottle of rye. Inside, WICK BIRNAM and his younger brother DON are packing. Don glances towards the window as Wick throws him a shirt.

WICK	:	You better take this along, Don. It's gonna be cold on the farm.
DON	:	Okay.
WICK	:	How many shirts are ya taking?
DON	:	Three.
WICK	:	I'm taking five.
DON	:	Five?
WICK	:	Yeah, I told them at the office I might not be back until Tuesday. We'll get there this afternoon. That'll give us all Friday, Saturday, Sunday, Monday. We'll make it a long wonderful weekend.
DON	:	Sounds long, all right.
WICK	:	It'll be good for you, Don, after what you've been through. Trees and grass and sweet cider and buttermilk and water from that well that's colder than any other...
DON	:	Wick, please, why this emphasis on liquids? Very dull liquids.
WICK	:	Sorry, Don.
DON	:	You know, I think it'd be a good idea if we took along my typewriter.
WICK	:	What for?
DON	:	To write. I'm gonna write there. Get started on that novel.
WICK	:	You really feel up to writing?

skyline スカイライン
high-rise 高層の
New York ニューヨーク
pan パンする
string 細いひも
pack 荷作りする, 詰め込む
glance ちらっと見る, ざっと見回す

you better... ～した方がいい
farm 農場

ya

Sounds long

through... ～を経験して, ～を終えて
cider リンゴ酒
buttermilk バターミルク
well 井戸
emphasis 強調, 力説

liquid 液体
dull 退屈な, うっとうしい
Sorry

you know あのさ, ほら

novel 小説, 長編小説
feel up to... ～ができそうに思う, ～がやれそうな気がする

もう1本酒をくれ

TIME　00:00:00
☐☐☐☐☐☐

屋外／屋内－マンハッタンの輪郭／アパート－昼－ニューヨークの多くの高層ビルが見える。カメラは左右に揺れながら、1軒のアパートを映す。開いている窓から出ている1本のひもには、ライ・ウイスキーのビンが1本かけられている。室内では、ウィック・バーナムと彼の弟ドンが荷作りをしている。ドンが窓へ目を向けると、ウィックが彼に向かってシャツを投げる。

ウィック	：これも持っていった方がいいぞ、ドン。農場は寒くなりそうだからな。
ドン	：オーケイ。
ウィック	：おまえは何枚シャツを持っていくんだ？
ドン	：3枚。
ウィック	：私は5枚だ。
ドン	：5枚？
ウィック	：ああ、職場の連中には私が火曜まで帰らないかもと言ってある。私たちは今日の午後あっちへ着く。そうすればまるまる金曜、土曜、日曜、月曜とおれるだろう。この期間を長期の素敵な週末にするってわけだ。
ドン	：なるほど、そりゃ長そうだ。
ウィック	：おまえにとっては良いことだよ、ドン、今までおまえが遭った目を考えればな。木々に草、それにおいしいリンゴ酒にバターミルク、それから、そこの井戸からくんだ水はほかの何より冷たくて…
ドン	：ウィック、頼むよ、どうして液体を強調するんだ？　実にさえない液体類を。
ウィック	：悪い、ドン。
ドン	：あのさ、僕のタイプライターを持っていったらいいんじゃないかと思うんだ。
ウィック	：何のために？
ドン	：書くためさ。向こうで僕は書くつもりだ。あの小説に着手するんだよ。
ウィック	：本当に書く気になってるのか？

■ skyline
都市の建物などの空を背景とした輪郭。

■ New York
ニューヨーク州南東部ハドソン河口にある都市で、西半球最大の都市。

■ pan
映画やテレビでカメラを移動させずに左右とか上下に回しながら撮影すること。

■ you better...
You had better のこと。くだけた会話では had better の had が省略されたり、綴まって 'd better のようになることが多い。なお、この表現は軽い命令の意を含んでいることから、目上の人には使わない。

■ ya
= you

■ Sounds long
文頭の That が省略されたもの。なお、ここでの sound は口頭で述べられた考え、計画、意見、約束など、主語に音を出す語がくる。

■ through...
ここでの through は経過、通過、終了などを表し、本文中の例のように、しばしばつらい経験に対して使われる。

■ cider
リンゴのしぼり汁。元はリンゴ以外の果実からも作られていた。発酵させないものは sweet cider、発酵させたものは hard cider。なお、日本のサイダーは soda pop（炭酸水）のことで、これとは全くの別物。

■ Sorry.
「すまない」
I'm sorry のことで、自分の手落ちや不手際を認めて謝るときに用いる決まり文句。

■ you know
文頭、文末、あるいは挿入句的に用いて、念を押したり、次に言うことを確認するための時間稼ぎに用いたり、相手の注意、記憶を喚起したりする際に用いられる。

■ feel up to...
この表現は feel up to doing で通例、否定文、条件文で使われる。

DON	: Why not?	Why not ↩
WICK	: I mean, after what you've been through.	I mean つまり, その〜 ↩
DON	: I haven't touched the stuff for ten days now.	the stuff 例のもの ↩
WICK	: I know. I know you haven't, Don. Where is the typewriter?	
DON	: In the living room, in the closet, kinda towards the back.	living room 居間 closet 押し入れ, 物置 kinda どちらかと言えば, まあ ↩

Wick goes to the living room to look for the typewriter. When Wick goes into the closet, Don quickly grabs one of the shirts and wraps up the hanging bottle of rye.

look for... 〜を探す
grab つかむ
wrap up くるむ, 包む

WICK	: Are you sure it's in the closet? I can't find it.	Are you sure ↩
DON	: Well, look by the desk.	well じゃあ, やれやれ ↩

Don struggles to take the string off the bottle, so he unwraps the shirt and lets it hang outside again just as Wick comes back with some paper.

struggle to... 〜しようともがく, 〜しようと奮闘する
unwrap 開ける, 開く ↩

WICK	: (v.o.) Isn't it under your bed? Did you find it?	
DON	: Oh sure, sure here it is.	here it is ここにある ↩

Don pulls the typewriter out from under the bed.

WICK	: And here's some paper. Tell you what we'll do, we'll fix up a table on the south porch and nobody'll disturb you, I'll see to it. And maybe Saturday we can run down to the Country Club.	Tell you ↩ fix up 用意する, 手配する porch ポーチ, 張り出し玄関 disturb 迷惑をかける, 邪魔する I'll see to it ↩ Country Club カントリークラブ
DON	: I'm not going near that Country Club.	
WICK	: Why not?	
DON	: Because they're all a bunch of hypocrites. I don't like to be whispered about; Look who's here from New York.	a bunch of... 〜の群れ, 〜の仲間 hypocrite 偽善者 whisper ささやく, ひそひそ話す Look who's here ↩

ドン	：	いいだろう。
ウィック	：	つまり、おまえが散々な目に遭ったのにってことだ。
ドン	：	もう10日間、例のブツには触れちゃいない。
ウィック	：	わかってる。おまえが触れてないのは知ってるさ、ドン。タイプライターはどこだ？
ドン	：	居間だよ、クローゼットの中、奥の方だったかな。

ウィックはタイプライターを探しに居間に向かう。ウィックがクローゼットに入っていくと、ドンは素早くシャツを1枚つかみ、ぶら下がったライ・ウイスキーのビンをくるむ。

ウィック	：	それがクローゼットの中にあるってのは確かなのか？ 見つからないぞ。
ドン	：	じゃあ机の脇を見てくれ。

ドンは懸命にビンからひもを取り外そうと悪戦苦闘し、包んでいたシャツを取り、ウィックが紙を持って戻ってくるちょうどその瞬間に再びビンを吊るす。

ウィック	：	（画面外）それはおまえのベッドの下じゃないか？ 見つけたかい？
ドン	：	ああ、確かにここにある。

ドンはベッドの下からタイプライターを引っ張り出す。

ウィック	：	そしてほら、紙だ。私たちはこうするんだ、南側のポーチにテーブルを用意して、誰もおまえの邪魔をしないよう、私が手配する。それから土曜日にはカントリー・クラブへ行ってみるのもいい。
ドン	：	僕はあのカントリー・クラブには近寄らないつもりだ。
ウィック	：	どうして？
ドン	：	どうしてって、あそこの連中は全員が偽善者だらけだ。僕はヒソヒソうわさ話されるのは好きじゃない。ほら、ニューヨークから誰がここに来てるか見てみろよ。

■ Why not.
「いいだろう、そうさ」
相手の否定的な返答に対して please explain your negative answer の意で使われるが、ここでは「だめだという理由はない」、つまり yes の意を表す決まり文句。

■ I mean
聞き手の注意を引いたり、話し手が自分の言いたいことをより明確にしたり、説明を付け加えたりする際に使われる。

■ the stuff
ここでは酒のこと。なお、stuff は漠然と「物、代物」を表す語で、文脈によっていろいろなものを指す。

■ kinda
kind of の発音綴り。That book was kinda boring.(あの本はどちらかと言えば退屈だったな)のように、明確さを避ける際に使われる。

■ Are you sure
sure は「確信して」の意で、certain や positive とほぼ交換可能。ただし sure が主観的な確かさに重点が置かれているのに対して、certain は確固とした根拠、positive は確信を強調する。

■ well
譲歩、予期、期待、驚き、非難などを表したり、言葉を切り出したり、単に間を置く際に使われる間投詞。

■ unwrap
包んだ物などを開ける、包み紙を取り去ること。ここでの un- は動詞につけて「戻す、取る、外す」など逆の行為、状態、除去などの意を表す接頭辞。

■ here it is
ここでは「ほら、ここにある」の意で使われているが、人に物を差し出して「さあどうぞ、はいこれ」の意味でもよく使われる。

■ Tell you
文頭の I'll が省略されたもの。

■ I'll see to it
ここでの see は「気をつける」とか「(～するよう)取り計らう」。そのために、ここでは「僕が気をつけておくよ」とか「僕が番をするよ」ほどの意。

■ a bunch of...
ここでの bunch は人の「群れ」のことで、同種のものの集まりを表す。

■ Look who's here
直訳「ここに誰がいるのか見ろ」から「珍客だ」ほどの意になる。

DON	: The Birnam brothers or rather the nurse and the invalid.	invalid 病人
WICK	: Oh. Stop it Don. Nobody there knows about you.	
DON	: No? The minute we get off the train the alarm is sounded; The leper is back, hide your liquor.	the minute... 〜するや否や, 〜する瞬間 ◐ get off... 〜を降りる ◐ alarm 警報 leper らい病患者, 世間の嫌われ者

The doorbell buzzes.

buzz 低い振動音を立てる, ブザーが鳴る

DON	: That's Helen.	
WICK	: I'll take it.	

Wick opens the door and lets HELEN ST. JAMES in. She walks over to Don with some packages.

package 荷物, 束

WICK	: Helen.	
HELEN	: Hello, Wick. Where's Don? I'm glad I made it. I was afraid you'd be gone. Presents. The new Thurber book, with comical jokes and pictures. A nice quiet little double murder by Agatha Christie. Cigarettes, chewing gum and darling, have a wonderful time. And don't forget, lots of sleep, lots of milk...	make it 間に合う, 成功する ◐ I was afraid ◐ Thurber サーバー ◐ double murder 二重殺人 Agatha Christie アガサ・クリスティ ◐ darling ダーリン, 愛しい人 ◐ lots of... たくさんの〜, 多くの〜 ◐
DON	: Lots of cider, and lots of ice cold water from the well. I know.	
HELEN	: Bend down.	bend down かがむ

Helen gestures to Don. He bends down so she can kiss him.

HELEN	: And now I must be going. I'm ten minutes late for the concert already. So long Wick.	I must be going ◐ so long さようなら, じゃあまた ◐
DON	: What concert?	
HELEN	: Carnegie Hall. Barbirolli's conducting. They gave me two tickets at the office.	Carnegie Hall カーネギー・ホール ◐ Barbirolli バービロリ ◐ conduct 指揮する
DON	: Who are you going with?	

The Lost Weekend

ドン	:	バーナム兄弟、というか看護師と病人だ、ってね。
ウィック	:	ああ、やめろって、ドン。あそこじゃ誰もおまえのことは知らないって。
ドン	:	知らない？　僕たちが列車を降りた途端に警報が鳴るさ、嫌われ者が帰ってきた、おまえの酒を隠せってね。

玄関のブザーが鳴る。

ドン	:	あれはヘレンだ。
ウィック	:	私が出よう。

ウィックはドアを開けてヘレン・セント・ジェームズを中に通す。彼女は包みを抱え、ドンの所へ歩いていく。

ウィック	:	ヘレン。
ヘレン	:	こんにちは、ウィック。ドンはどこ？　私、間に合って良かったわ。あなたたちが行ってしまいはしないかと心配してたの。プレゼントよ。おもしろおかしいジョークと絵入りのサーバーの新刊、アガサ・クリスティ作の素敵なおとなしめの二重殺人の話、タバコにチューインガムよ。それに、あなた、楽しんできてね。それから忘れないで、たっぷり寝て、ミルクをたくさん…
ドン	:	たっぷりのリンゴ酒、それに井戸からくんだたっぷりの冷たい水だろ、わかってるよ。
ヘレン	:	かがんで。

ヘレンはドンに身振りで示す。彼は彼女が彼にキスできるようにかがむ。

ヘレン	:	さて、私、もう行かなくちゃ。すでにコンサートに10分遅れてるの。じゃあね、ウィック。
ドン	:	何のコンサートだい？
ヘレン	:	カーネギー・ホールよ。バービロリが指揮するの。オフィスでチケットを2枚もらったの。
ドン	:	誰と行くんだ？

■ the minute...
minute に代わって moment も使われる。

■ get off...
バス、列車などの乗り物から降りること。反対に乗り込む場合は get on。

■ make it
ex. He made it to the train.（彼は列車に間に合った）
cf. He made it in business.（彼は商売で成功した）

■ I was afraid
ここでの afraid は「恐れて」ではなく「気がかりで」の意。

■ Thurber
アメリカのユーモア作家、風刺漫画家、押し絵画家 James Grover Thurber (1894-1961) のことで、New Yorker 誌で活躍した。

■ Agatha Christie
英国の推理小説家 Agatha Mary Clarissa Miller (1890 - 1976) のこと。探偵 Poirot が登場する一連の作品で有名。

■ darling
夫、妻、恋人、子どもに対する愛情を込めた呼びかけ。

■ lots of...
通例、肯定文で数、量ともに用いられる。
a lot of... ともする。

■ I must be going.
「私、行かなくっちゃ」
いとまごいする際の決まり文句の1つ。I must be off、I better be going、I've got to be going/running、I'm afraid I must run、Better be going、Better get moving、Time to go など多くの同意の表現がある。

■ so long
別れのあいさつ。Good-bye、Bye、Bye-bye、Farewell、Cheerio、Ta-ta、See you later、Later、I'll catch you later、Catch you later、I'll be seeing you、I'll see you soon、See you soon など多くある。

■ Carnegie Hall
ニューヨーク市の最も有名なコンサートホールで、1891年に開場。なお、カーネギーは1898年の改築に際して資金を提供した Andrew Carnegie (1835 - 1919) の名にちなむ。

■ Barbirolli
英国の指揮者 Sir John Barbirolli (1899 - 1970) のこと。

HELEN	: Nobody.
DON	: Nobody? What are they playing?
HELEN	: Brahms' Second Symphony, something by Beethoven, something by Handel and not one note of Grieg.
DON	: Sounds wonderful.
HELEN	: Goodbye, boys. See you Monday.
WICK	: (v.o.) Tuesday.

Brahms ブラームス ◎
Second Symphony 第2交響曲
Beethoven ベートーベン ◎
Handel ヘンデル ◎
note 楽曲, 歌
Grieg グリーグ ◎

Don stops Helen from leaving.

DON	: Wait a minute. Wick, I just had a crazy idea.

Wait a minute ◎

WICK	: As for instance.
DON	: Who says we have to take the three fifteen train? We could go on the six-thirty.

as for instance 例えばどんな ◎

WICK	: What are you talking about?
DON	: Well, I just thought if we took a later train, Helen wouldn't have to go to the concert by herself. She's got two tickets, hasn't she?
HELEN	: No, no. I'm not going to upset any of your plans. You're going on the three fifteen.

by oneself 自分だけで, 独りぼっちで ◎

upset だめにする, 無効にする ◎

DON	: Oh. Now Helen, it's so silly! A whale of a concert and an empty seat next to you.
WICK	: No, Don. Everything's all set. Now they'll be at the station to meet us and dinner'll be waiting.
DON	: Put in a call that we're taking a later train and dinner at nine o'clock, we'll be in bed by ten.
WICK	: Nothing doing. We're going.
HELEN	: Wick is right. And don't worry about that empty seat. I'll find myself a nice handsome South American millionaire.

a whale of a... 素晴らしい, 大変な〜
empty seat 空席 ◎
next to... 〜の隣に, 〜のすぐそばに
be all set 準備ができている, 用意ができている

put in a call 電話をかける ◎

Nothing doing ◎

24

The Lost Weekend

ヘレン	:	誰とも。
ドン	:	誰も？　演奏は何？
ヘレン	:	ブラームスの第2交響曲に、ベートーベンの何とか、ヘンデルの何とか。それからグリーグの曲は何もなし。
ドン	:	素晴らしそうだね。
ヘレン	:	さようなら、みなさん。月曜日に会いましょう。
ウィック	:	(画面外)火曜日だよ。

ドンはヘレンが去るのを引き留める。

ドン	:	ちょっと待った。ウィック、僕はとてつもないアイデアを思いついたよ。
ウィック	:	例えば。
ドン	:	僕たちが3時15分発の列車に乗らなきゃならないなんて誰が言ってるんだ？　6時30分の列車でも行けるだろう。
ウィック	:	おまえ、何を言ってるんだ？
ドン	:	つまり、もし僕たちがもっと遅い列車に乗れば、ヘレンはコンサートに独りで行く必要もないって、思ったんだよ。彼女はチケットを2枚持ってる、だよね？
ヘレン	:	だめ、だめよ。私はあなたたちの計画を少しだって壊すつもりはないわ。あなたたちは3時15分の列車に乗るのよ。
ドン	:	まあ、いいからヘレン、全くばかげてるよ！　素晴らしいコンサートに、君の隣が空席なんて。
ウィック	:	だめだ、ドン。すべては手配済みだ。今頃係りが私たちを迎えに駅にいるだろうし、夕食だって待ってる。
ドン	:	電話してくれ、僕たち、遅い列車に乗り、夕食は9時に取り、10時までには就寝だって。
ウィック	:	お断りだ。出発するんだ。
ヘレン	:	ウィックが正しいわ。それに空席のことは心配しないで。私が自分で素敵でハンサムな南米の百万長者を見つけるから。

■ Brahms
父から音楽の手ほどきを受け、15歳で独奏会を開いたドイツの作曲家 Johannes Brahms(1833 - 1899)。主作品は交響曲4、ピアノ協奏曲2、バイオリン協奏曲など多数。

■ Beethoven
ドイツの作曲家で、西洋音楽の代表的巨匠の1人。Ludwig van Beethoven(1770 - 1827)。代表作品は交響曲9、ピアノ協奏曲5など。

■ Handel
ドイツ生まれのイギリスの作曲家 Georg Friedrich Händel(1685 - 1759)。

■ Grieg
ノルウェーの作曲家、ピアニスト Edvard Grieg(1843 - 1907)。

■ Wait a minute.
「ちょっと待って」
相手の動作、行動を止めたり、相手の言ったことに対して異議や疑問を挟んで、あるいは電話で使われる決まり文句。Hang on a minute ともする。

■ as for instance
for instance は「例として、例えば」を意味するイディオム。

■ by oneself
ここでは alone の意だが、He became a millionaire by himself.(彼は独力で大富豪になった)のように「自分の力で、人の助けを借りないで」とか、The door shut by itself.(ドアが勝手に閉まった)のように「勝手に、自然と」の意でも使われる。

■ upset
この語は「人の気を動転させる」とか「怒らせる」の意で頻繁に使われるが、ここでは組織、秩序、計画などを「ごちゃごちゃにする、だめにする」の意。

■ empty seat
empty は「空っぽの」ということ。本来、占有されているべきものが一時的に空いている状態の場合は These seats are vacant.(これらは空席です)のように vacant が好まれる。

■ put in a call
put in は多くの意味を表すが、ここでは電話、無線などを人に「かける、入れる」の意。

■ Nothing doing.
「だめだ、ご免、お断りだ」
相手の依頼、申し出などを No ときっぱり拒絶する際の決まり文句。

DON	: There you are. Did you hear? Besides, we'd have to break our necks anyway to catch the train.	There you are ◊ besides なお, その上 break one's neck 懸命に努力する, がんばる catch the train 列車に乗る, 列車に間に合う
HELEN	: It's five to three.	five to three 3時5分前 ◊
DON	: You see? Oh, don't be so stubborn, Wick.	You see ◊ stubborn 頑固な, 強情な
WICK	: All right. Go ahead.	Go ahead ◊
DON	: Just a minute. I'm not going.	
WICK	: Then what are we talking about?	
DON	: Well, I want you to go. You and Helen.	
WICK	: Me and Helen?	
DON	: That's the idea. Who likes Brahms, you or I?	That's the idea ◊
WICK	: Since when don't you like Brahms?	
DON	: I'll just stick around here and finish packing. Take a little nap maybe.	stick around here このあたりでぶらぶらする nap 仮眠, 昼寝
WICK	: Nonsense. If anybody goes… Helen's your girl.	nonsense ばかな, くだらない ◊ your girl 君の恋人
HELEN	: There's something in that, Don.	something 重要なこと, 大切なもの ◊
WICK	: And what's more, I don't think you should be left alone.	what's more その上重要なことは, さらには
DON	: I shouldn't?	
WICK	: No.	
DON	: I oughtn't be trusted. Is that it?	oughtn't ◊
HELEN	: Really, Don.	really ねえ, 本当に ◊
WICK	: After what you've been through…	
DON	: After what I've been through, I couldn't go to the concert. I couldn't face the crowds. I couldn't sit through it with all those people. Besides, I want to be alone for a couple of hours and kind of assemble myself. Is that such an extraordinary thing to want?	face ～と向き合う, ～に直面する crowd 群衆, 大衆 a couple of… 2つの～, 2･3の～ kind of いくぶん, ある程度 assemble oneself 自分を立て直す, 気を落ち着ける extraordinary 並外れた
WICK	: Don't act so outraged, would you mind?	act outraged 憤慨する would you mind してくれますか ◊
DON	: All right. Anything else?	All right ◊

The Lost Weekend

ドン	:	ほうらね。聞いたか？ それに、どっちにしろ、電車に間に合うには僕たち、無理をしなきゃならないだろ。
ヘレン	:	3時5分前よ。
ドン	:	ほらね？ おい、そんなに強情張るなよ、ウィック。
ウィック	:	わかった、行けよ。
ドン	:	ちょっと待てよ。僕が行くんじゃない。
ウィック	:	じゃあ私たちは何を話し合ってるんだ？
ドン	:	そうだな、僕は兄さんに行ってほしいんだよ。兄さんとヘレンに。
ウィック	:	私とヘレン？
ドン	:	そういうこと。ブラームスが好きなのは誰だ、兄さん、それとも僕か？
ウィック	:	おまえはいつからブラームスが好きではなくなったんだ？
ドン	:	僕はただここらにいて、荷作りを済ませる。ちょっと昼寝をするかもね。
ウィック	:	ばかな。もし誰かが行くにしても…ヘレンはおまえの恋人じゃないか。
ヘレン	:	あなたがそう言うには何かあるのね、ドン。
ウィック	:	それから、さらに、おまえを独りにさせておくべきじゃないと思う。
ドン	:	僕をかい？
ウィック	:	そうだ。
ドン	:	僕は信用ならないって、そういうことか？
ヘレン	:	ねえ、ドン。
ウィック	:	おまえが今まで遭った目を思えば…
ドン	:	僕が今まで遭った目を思えば、僕はコンサートには行けないだろう。大勢の人間を直視することなんてできないよ。あの連中全員と最後まで同席し続けることはできない。それに、僕は1、2時間独りになって自分自身の立て直しのようなことをやりたいんだ。それって途方もない望みごとかい？
ウィック	:	そんなにけんか腰になるなって、頼むから。
ドン	:	わかったよ。ほかには？

■ There you are
ここでは予想通りを示して「ほらごらん」の意。なお、この表現は物を差し出して「はいどうぞ」、人に注意して「ほらまた悪い癖が出た」、「さあこれで終わりです」などの意味でも頻繁に使われる。

■ catch the train
catch がバス、列車、船などの乗り物に使われると「間に合う、間に合って乗る」を意味する。この反対は miss。

■ five to three
two fifty-five のことで、ここでの to は「～前」、すなわち before を意味する。反対に「～過ぎ」は It's half past six.(6時30分です)のように past。

■ You see.
「ほら、ねえ、ご存じでしょ」
話し手が聞き手の注意を促す際の決まり文句。

■ Go ahead.
「どうぞ」
命令法で相手に許諾を与える際の決まり文句で、Please do it とか you have my permission and encouragement to do it ほどの意味。

■ That's the idea
ここでの idea は通例 the idea として特定の行為、発言などの「要点、意図」の意を表す。

■ nonsense
この語は「無意味な言葉、たわ言」だが、ここでは間投詞。

■ something
ここでは単なる「何か」ではなく、「重要なもの」といったニュアンス。

■ oughtn't
ought の否定 ought not の縮約形。なお、ought は「～すべきである、～するのが当然である」。

■ really
ここでは困惑を表す間投詞。

■ kind of
この句は表現を和らげたり、ぼかすために用いられる。

■ would you mind
人に物を頼む際の一般的な表現の1つ。

■ All right
ここでは certainly の意で用いられたもの。なお、この表現は alright のように一文字で綴られることも多い。

HELEN	: Please, boys.	

Wick throws his cigarette butt onto the window sill.

butt 残片, 残り
sill 下枠

WICK	: Come on, Helen.	
HELEN	: You'll stay right here?	
DON	: Where would I go?	
HELEN	: Then you'll be here when we come back?	
DON	: I told you, I'm not leaving this apartment.	
WICK	: You've told us a good many things, Don.	
DON	: All right, if you don't believe me, why don't you take my keys and lock me in like a dog.	

come on さあ, 行こう
right here ここに

a good many things いろんなこと, たくさんのこと

believe a person 人の言うことを信じる
lock in 閉じ込める, 拘留する

Don holds out his keys on the palm of his hand.

palm of one's hand 手のひら

HELEN	: (to Wick) We've got to trust Don. That's the only way.	
WICK	: Sorry, Don. Let's go, Helen.	
HELEN	: So long, Don.	
DON	: So long.	
HELEN	: Bend down.	

trust 信頼する, 信用する
That's the only way

Helen gestures to Don again to give him another kiss. Wick sees the cigarette butt. He goes over and flicks it out the window, but sees the bottle Don was trying to hide. Don looks worried. Wick pulls up the bottle.

flick はじき飛ばす, 指ではじく
hide 隠す

WICK	: What's this?	
DON	: That? It's whiskey, isn't it?	
WICK	: How did it get there?	
DON	: I don't know.	
WICK	: I suppose it dropped from some cloud. Or someone was bouncing it against this wall and it got stuck there.	
DON	: I guess I must have put it there.	
WICK	: Yes, you must.	

cloud 雲

get stuck 引っかかる, 動けなくなる

The Lost Weekend

ヘレン	：	お願いよ、2人とも。

ウィックは自分のタバコを窓の下枠の上に投げる。

ウィック	：	行こう、ヘレン。
ヘレン	：	あなたは本当にここにいるのね？
ドン	：	ほかにどこへ行く場所がある？
ヘレン	：	じゃあ私たちが帰ってきたら、あなたはここにいるのよね？
ドン	：	言っただろ、僕はこのアパートを離れないって。
ウィック	：	おまえは今まで私たちにいろんなことを言ってきたからな、ドン。
ドン	：	わかったよ、もし兄さんが僕を信じないなら、僕の鍵を持っていって、僕を犬みたいに閉じ込めておけばいいじゃないか。

ドンは自分の手のひらに鍵を載せて差し出す。

ヘレン	：	（ウィックに）私たち、ドンを信用しなくちゃ。それしかないわね。
ウィック	：	すまないな、ドン。行こう、ヘレン。
ヘレン	：	じゃあね、ドン。
ドン	：	じゃあな。
ヘレン	：	かがんで。

ヘレンは再び身振りでドンに合図し、また彼にキスする。ウィックはタバコの吸殻を見ている。彼は歩いていくと、それを窓の外へと指ではじくが、ドンが隠そうとしていたビンを見つける。ドンは不安げな表情になる。ウィックはビンを引き上げる。

ウィック	：	これは何だ？
ドン	：	それ？　それはウイスキーじゃないのか？
ウィック	：	これがどうしてあんな所にあったんだ？
ドン	：	知らないね。
ウィック	：	私が思うに、これは雲からでも落ちてきたんだろう。あるいは誰かがこの壁ではね返らせていて、ビンがそこにくっついたわけだ。
ドン	：	おそらく僕がそこへ置いたに違いない。
ウィック	：	そうだな、おまえがやったに違いない。

■ butt
この意から本文中の例とか、a cigar butt（葉巻の吸いさし）のように使われる。

■ sill
窓や戸などの開口部の下方の横材。

■ come on
主に命令文で説得、催促、懇願などを表して使われる。

■ right here
ここでの right は Stay right where you are.(今いる所にちゃんといなさい)のように場所を示して「まさしく、ちょうど、きっかり」を意味する副詞。

■ a good many things
ここでの good は a good として「十分な、たっぷりした」の意を表す。
ex. I want a good cry.(思い切り泣きたいよ)

■ believe a person
類似した表現 believe in a person とした場合は「人の人間性を信じる、人を信頼する」の意を表す。

■ lock in
人を部屋とか独房などに錠を下ろして閉じ込めること。

■ palm of one's hand
手のひらにある「生命線」は line of Life、「感情線」は line of Heart、「頭脳線」は line of Head。なお「手の甲」は the back of one's hand。

■ That's the only way
「それが唯一の方法よ」は「それしかないわね」ともする。

■ cloud
「きのこ雲」は a mushroom cloud、「飛行機雲」は a vapor cloud、「入道雲」は a thunderhead、「積雲」は a cumulus、「雷雲」は a thundercloud。

29

DON	: Only I don't remember when. Probably during my last spell, maybe the one before. I don't know. (to Helen) Oh, don't look at me like that, Helen. It doesn't mean a thing. I didn't know it was there. Even if I had, I wouldn't have touched it.	spell 発作 It doesn't mean a thing ↻ even if... たとえ〜でも ↻
WICK	: Then you won't mind.	you won't mind ↻
DON	: Mind what?	

Wick cuts the string and takes away the bottle to the bathroom where he pours the content down the sink.

pour 注ぐ, 流す ↻
content 中身, 内容物 ↻
sink シンク, 洗面台
trot 早足で・急ぎ足で行く, 歩く ↻

WICK	: Now, you trot along with Helen.	
DON	: Why? Because of that? You think I wanted you out of the apartment because of the bottle? I resent that like the devil, and if there's one more word of discussion, I don't leave on your blasted weekend.	resent 恨む, 憤慨する like the devil 猛烈に, 激しく ↻ discussion 論議, 討論 ↻ blasted いまいましい, とんでもない ↻ weekend ウィークエンド, 週末 ↻
HELEN	: Let's go, Wick. (to Don) You'll be good. Won't you, Don, darling?	
DON	: Yes, Helen. Would you just stop watching me all the time, you two? Let me work it out my way. I'm trying, I'm trying.	stop watching 監視をやめる ↻ all the time ずっと, 始終 work out 成し遂げる, 解決する ↻
HELEN	: I know you're trying, Don. We're both trying. You're trying not to drink and I'm trying not to love you.	

Helen kisses Don before walking out of the apartment.

WICK	: Call the farm, Don, and tell them we're taking the six-thirty.	
DON	: Sure.	Sure ↻
WICK	: So long.	

Wick walks out and closes the door behind him.

the door behind him 後ろ手のドア ↻

WICK	: (v.o.) Come on, Helen.

30

The Lost Weekend

ドン	:	ただいつやったか覚えてないんだ。たぶん、最後の発作の間か、その前か。わからない。（ヘレンに）なあ、そんなふうに僕を見ないでくれよ、ヘレン。何でもないんだから。僕はそいつがそこにあるなんて知らなかった。もし知っていたとしても、僕はそれに触れたりしないさ。
ウィック	:	じゃあ構わないよな。
ドン	:	構うって何を？

ウィックはひもを切り、ビンを洗面所に持っていって中身を流しに注ぐ。

ウィック	:	さあ、おまえはヘレンと一緒に急ぐんだ。
ドン	:	なぜ？　そいつのせいか？　僕が兄さんをアパートから追い出したがったのはそのビンのせいだと思ってるのか？　僕はその考えにはめちゃくちゃ腹が立つよ、それに、もう一言でも口論しようものなら、僕は兄さんのくそったれの週末旅行には出かけないよ。
ヘレン	:	行きましょう、ウィック。（ドンに）あなたは行儀良くしてるわね。そうでしょ、ドン、ダーリン？
ドン	:	ああ、ヘレン。ずっと僕を監視するのはやめてくれませんかね、2人とも？　僕なりにケリをつけさせてくれ。僕は努力してる、がんばってるんだ。
ヘレン	:	あなたががんばってるのは知ってるわ、ドン。私たち2人とも努力してる。あなたはお酒を飲むまいとして、そして、私はあなたを愛さないようにしてるのよ。

ヘレンはアパートから歩み去る前にドンにキスする。

ウィック	:	農場に電話して私たちは6時30分の電車に乗ると連中に伝えといてくれ、ドン。
ドン	:	いいとも。
ウィック	:	じゃあな。

ウィックは歩き出て、背後でドアを閉める。

ウィック	:	（画面外）行こう、ヘレン。

■ It doesn't mean a thing
ここでの mean は Her mother means the world to her.（彼女にとって母親はかけがえのない人だ）のように言葉や事物などが「ある意味を持つ」の意を表す。

■ even if...
even though... とすると文語的表現。

■ you won't mind
ここでの mind は Do you mind if I smoke?（タバコを吸ってもいいですか？）のように「気にする、反対する」の意を表し、しばしば否定、疑問、条件文で使われる。

■ pour
この語は She poured some orange juice.（彼女はオレンジジュースを注いだ）のように液体などを「注ぐ」こと。

■ content
内容などの中身のことで、通例 contents。

■ trot
to move rapidly とか hurry ほどの意。

■ like the devil
like a devil とか like devils ともする。

■ discussion
ここでの one more word of discussion とは「これ以上の議論」ということ。

■ blasted
damned（呪われた）の婉曲語で、いら立ちを示して使われる。

■ weekend
特に金曜日の夜から月曜日の朝までをいう。ここでは週末休暇。

■ stop watching
ここでの watch は「見張る、観察する」ほどの意。

■ work out
この表現は「計算する」「考え出す」など、多くの意味を表して使われるが、ここでは「やり遂げる、解決する」の意。
ex. Don't worry. It will work out in the end.（心配しないで、最後にはうまくいきますよ）

■ Sure.
「もちろん、いいとも」
Yes, certainly を意味する決まり文句。

■ the door behind him
この表現はその人物を入るために使ったドア、あるいは出ていくために使ったドアをいう。
ex. I entered the room and shut the door behind me.（私は部屋に入って、そのドアを閉めた）

31

HELEN : (v.o.) Should Wick...
WICK : (v.o.) He'll be all right.

Wick and Helen walk down the stairs.

HELEN : What if he goes out and buys another bottle?
WICK : With what? He hasn't a nickel. There isn't a store or bar that'll give him five cents' worth of credit.
HELEN : Are you sure he hasn't got another bottle hidden someplace?
WICK : Not anymore, he hasn't. I went over the apartment with a fine-toothed comb. The places he can figure out!

Hearing Wick and Helen leave the building, Don latches the door chain, then searches various hiding places in the apartment for any alcohol. He becomes despondent when he cannot find anything. Someone opens the door, trying to get in. It is MRS. FOLEY, the cleaner. Don cautiously walks toward the door.

DON : Who is it? Who is it?
MRS. FOLEY : Mrs. Foley. Come to clean up.
DON : Well, not today. Does it have to be today?

MRS. FOLEY : I ought to change the sheets, and it's my day to vacuum.
DON : Come on Monday.
MRS. FOLEY : (v.o.) All right, Mr. Birnam. Is your brother in?
DON : No, he isn't.
MRS. FOLEY : (v.o.) What about my money? Didn't he leave my money?
DON : What money?

Don's eyes light up when he hears about some money.

MRS. FOLEY : (v.o.) My ten dollars. Didn't he leave it?

---

stairs 階段 ⊙

what if... ～したらどうなるだろう、～ならどうだろう

nickel 5セント白銅貨 ⊙

worth 相当 ⊙
credit クレジット、つけ

go over よく調べる ⊙
fine-toothed comb 目の細かいくし ⊙
figure out 考えつく ⊙

latch 掛け金を掛ける、下ろす
search 探す
various さまざまな、種々の
despondent 落胆しきった、気落ちした ⊙

cautiously 用心深く、慎重に ⊙

Come to... ⊙

vacuum 真空掃除機をかける ⊙

light up 明るくなる、輝く

ヘレン	：（画面外）ウィックは…
ウィック	：（画面外）あいつは大丈夫だ。

ウィックとヘレンは階段を下りていく。

ヘレン	：もし彼が外に出てもう1本お酒を買ったらどうするの？
ウィック	：何で？　あいつは5セント硬貨も持ってないんだ。彼に5セント分のツケを与える店やバーは1軒もないさ。
ヘレン	：ドンがどこかにもう1本隠し持ってないのは確かなの？
ウィック	：もうこれ以上、あいつは持ってないさ。私はあのアパートをしらみつぶしに調べたんだ。あいつが考えそうな場所すべてをね！

ウィックとヘレンが建物を離れる音を聞いて、ドンはドアに鎖を掛け、それからアパート内のさまざまな隠し場所を探って酒を探す。何も見つけられず、彼は意気消沈する。何者かがドアを開け、中に入ろうとする。清掃婦のフォーリー夫人。ドンは用心深くドアに歩み寄る。

ドン	：誰だ？　誰なんだ？
フォーリー夫人	：フォーリーです。掃除に来ました。
ドン	：ああ、今日はいい。今日でなきゃいけないのか？
フォーリー夫人	：シーツを取り換えなきゃいけませんので、それに掃除機をかける日なんです。
ドン	：月曜に来てくれ。
フォーリー夫人	：（画面外）わかりました、バーナムさん。あなたのお兄様はいらっしゃいますか？
ドン	：いや、いない。
フォーリー夫人	：（画面外）私のお金はどうなります？　お兄様が私のお金を置いていってはいませんか？
ドン	：何の金だ？

金のことを聞いてドンの目が輝く。

フォーリー夫人	：（画面外）私の10ドルですよ。お兄様、それ、置いていらっしゃいませんでしたか？

■ stairs
特に踊り場から踊り場までの一続きの階段。「一段」は stair。「階段を下りる」は go down the stairs,「階段を上がる」は go up the stairs。なお、「回り階段」は a winding stair,「非常階段」は an escape stair,「螺旋階段」は a screw stair。
ex. She fell down the stairs.（彼女は階段から転げ落ちた）

■ nickel
It doesn't cost me a nickel.（それは一銭もかからなかった）のように「少額の金」の意でも頻繁に使われる。ついでながら「1セント貨」は penny,「10セント貨」は dime,「25セント貨」は quarter,「50セント貨」は half dollar。

■ worth
He bought ten dollars' worth of gas.（彼は10ドル分のガソリンを買った）のようにある金額や日数相当の量、分などをいう。

■ go over
この表現は多くの意味を表して使われるが、ここでは He went over the computer but found nothing wrong.（彼はコンピュータを詳しく調べたが故障は全然見つからなかった）のように examine の意。

■ fine-toothed comb
比喩的に用いられて「入念な調査」を意味する。そこから、ここでは「入念に調べた」ということ。

■ figure out
この表現は I can't figure this out.（これが理解できない）のように「理解する、わかる、解決する」の意でよく使われる。

■ despondent
= depressed; dejected; despairing; discouraged; disheartened; downhearted; miserable; wretched

■ cautiously
= carefully; alertly; discreetly; gingerly; prudently; watchfully

■ Come to...
文頭の I have が省略されたもの。

■ vacuum
この語は真空掃除機を使う、すなわち「電気掃除機で掃除する」ということ。この語を名詞として使えば She used a vacuum cleaner on the carpet.（彼女は絨毯に掃除機をかけた）のように、use a vacuum cleaner とする。
cf. I clean my house every day.（私は毎日家の掃除をします）

DON	: Probably. And where would he leave it?	probably たぶん, おそらく
MRS. FOLEY	: (v.o.) In the kitchen.	
DON	: Where in the kitchen?	
MRS. FOLEY	: (v.o.) In the sugar bowl.	
DON	: Just a minute.	

Don goes to the kitchen. He opens the sugar bowl and finds a ten dollar note. He walks back to the door, hiding it behind his back.

ten dollar note 10ドル札

DON	: I'm sorry, Mrs. Foley. It isn't there. He must have forgotten.	
MRS. FOLEY	: Oh, putt! I wanted to do some shopping.	oh, putt あらまあ, ほんとにもう do some shopping 買い物をする
DON	: You'll get it Monday.	
MRS. FOLEY	: All right, Mr. Birnam.	

Mrs. Foley closes the door. Don goes to the bedroom and puts on his hat and jacket.

put on 着る, かぶる

テルミンについて

　テルミン（Theremin'）は、1920年、ロシア人物理学者レフ・セルゲイヴィッチ・テルミンが発明した電子楽器である。テルミン博士はヨーロッパ各地の公演でテルミン演奏を披露した後、1928年、アメリカで特許を取得し、製造販売権を大手電機会社RCAに譲る。第二次世界大戦後、モーグ・シンセサイザーなど新たな電子楽器の誕生とともにテルミン人気は低迷するが、一方では映画音楽において大きな影響力を持つこととなる。

　テルミンの特徴は主にその演奏法と音色にある。テルミン本体には2本のアンテナが取り付けてあり、演奏者はその本体に触れることなく空間中の手の位置を調整することで音程と音量をコントロールする。演奏にはわずかな静電容量の違いが使われ、周囲の環境に影響されやすいため、安定した音を出すには奏者の豊富な経験と高い技術を

ドン	：たぶんね。それでどこに兄はそいつを置いてるのかな？
フォーリー夫人	：（画面外）台所です。
ドン	：台所のどこ？
フォーリー夫人	：（画面外）砂糖壺の中ですよ。
ドン	：ちょっと待って。

ドンは台所に行く。彼は砂糖壺を開け、10ドル札を1枚見つける。彼はそれを自分の背後に隠しながらドアへと戻る。

ドン	：すまない、フォーリーさん。それだが、あそこにはない。兄は忘れたに違いないな。
フォーリー夫人	：まあ、まあ！　わたし、買い物をしたかったのに。
ドン	：金は月曜日にもらえるよ。
フォーリー夫人	：わかりました、バーナムさん。

フォーリー夫人はドアを閉める。ドンは寝室に行き、自分の帽子と上着を身につける。

■ probably
この意味では maybe, perhaps, possibly とほぼ同じだが、これら3つの語が可能性において消極的であるのに対して、probably は可能性、公算が大きい。そのため、ここでは「どこかにその金を置いていっている」ということになる。

■ ten dollar note
ここでの note は bank note（（英）紙幣）、また bill（米）のこと。なお、coin（硬貨）に対する「紙幣」は paper money。

■ do some shopping
「買い物に行く」とする場合は I have to go shopping.（買い物に行かねばならない）のように go shopping とする。

■ put on
この表現は多くの意味を表して使われるが、ここでは「身につける」との意。そのため、衣服はもちろん、帽子、靴、眼鏡、また口紅、おしろい、香水などについても使われる。
ex. Why don't you put on your glasses?（眼鏡を掛けたらどうだい？）

要する。

　テルミンの音色は正弦波に近く、奏者が手を速く小さく動かすことでビブラート効果を生み出す。そのゆらめく音色には不安や恐怖感を表現する効果があることからホラー映画、サスペンスやSF映画の効果音としても使われてきた。特に1940〜60年代映画では、登場人物の人生と重ねられるようにテルミンの不気味な効果音が起用された。『失われた週末』の作曲家ミクロス・ローザは、アルフレッド・ヒッチコック監督のサイコスリラー映画『白い恐怖』(1945)でもテルミンの効果音を用いている。また、『白い恐怖』のDVDやロバート・ワイズ監督作の未来SF映画『地球の静止する日』(1951)のDVDにはテルミンに関する短いドキュメンタリーが含まれているが、こうした例からも映画とテルミンの密接な関係性がうかがえる。

小嶺　智枝（中央大学兼任講師）

Breach and Despair

INT. BROPHY'S LIQUOR STORE - DAY - Don enters the store and asks BROPHY for some bottles of rye.

DON	: Two bottles of rye.
BROPHY	: I'm sorry, Mr. Birnam.
DON	: What are you sorry about?
BROPHY	: Your brother was in. He said he's not gonna pay for you anymore. That was the last time.

Don takes the ten dollar note from his pocket and shows it to Brophy.

DON	: Two bottles of rye.
BROPHY	: What brand?
DON	: You know what brand, Mr. Brophy. The cheapest. None of that twelve year old, aged-in-the-wood chichi. Not for me. Liquor is all one, anyway.

Brophy puts two bottles in front of Don.

BROPHY	: You want a bag?
DON	: Yes, I want a bag.

Brophy gives Don a bag to put the bottles inside.

BROPHY	: Your brother said not to sell you anything even if you did have the money to pay for it, but I can't stop anybody, can I? Not unless you're a minor.
DON	: I'm not a minor, Mr. Brophy and just to ease your conscience, I'm buying this to refill my cigarette lighter.

---

liquor アルコール飲料, 酒
rye ライ・ウイスキー ↻

I'm sorry ↻

anymore もう〜ではない

brand 銘柄, ブランド

aged-in-the-wood 樽詰めにして熟成した ↻
chichi チチ ↻
Not for me ↻

You want a bag ↻

you did have the money ↻
not unless... 〜じゃあいんだから, 〜じゃああるまいし
minor 未成年者 ↻

ease 楽にする, 軽くする
conscience 良心
refill 補充する, 詰め替える ↻

36

約束破棄と自暴自棄

TIME 00:11:11
□□□□□□

屋内-ブロフィー酒店-昼-ドンは店に入り、ブロフィーにライ・ウイスキーを注文する。

ドン ：ライ・ウイスキーを2本。
ブロフィー ：すまないね、バーナムさん。
ドン ：何がすまないんだ？
ブロフィー ：あんたの兄さんが来たんだよ。兄さんはもうあんたのツケを払う気はないと言ったんだ。あれが最後だとね。

ドンは自分のポケットから10ドル札を取り出し、ブロフィーに見せる。

ドン ：ライ・ウイスキーを2本だ。
ブロフィー ：どこのブランドで？
ドン ：どこのブランドかあんたにゃわかるだろ、ブロフィーさん。一番安いやつだ。12年物の、樽で熟成させたおしゃれなやつなんかじゃないぞ、僕はごめんだね。とにかく、酒はみな同じさ。

ブロフィーはドンの前に2本のビンを置く。

ブロフィー ：あんた袋はいるかい？
ドン ：ああ、袋をくれ。

ブロフィーは酒を入れる袋をドンに渡す。

ブロフィー ：あんたの兄さんが言ってたよ、たとえあんたに支払う金があっても、あんたには何も売るなって、な。だけど俺に人は止められんだろ？　あんたが未成年じゃない限りは。
ドン ：僕は未成年じゃない、ブロフィーさん、それにあんたの良心を楽にするために言うがね、僕はこれを自分のタバコのライターの補充に買うんだ。

■ rye
51％以上のライ麦を含むもろみから醸造したストレートウイスキー。

■ I'm sorry.
「申し訳ありません、すみません」
話し手が聞き手に対して不都合なことをしたり、言った際の謝罪表現。ここでは「あなたのご要望に応えられなくてすみません」との意味合いで使ったもの。

■ aged-in-the-wood
ここでのagedはaged whiskey（年代もののウイスキー）のように、「熟成した、よく寝かされた」の意。またin-the-woodは「樽詰めの、樽詰めにして」ということ。ここでのwoodはthe woodとして「樽」を意味する。

■ chichi
トロピカルドリンク。ただし、ここではchichiに俗語で「気取ったやつ、派手なもの」という意味があることから、「気取った酒」の意で使われたもの。

■ Not for me
文頭にIt'sを補って考える。ここでは「それは私が飲むようなものではない、私はごめんだ」ということ。

■ You want a bag?
日本と違って「袋はいりますか？」とか、Paper or plastic?（紙、それともビニール袋のどちらにしますか？）と聞いてくる。その場合はどちらかを選べばよい。ただし両方欲しいときはBoth, please.（両方ください）とする。

■ you did have the money
you had the moneyを強調した言い方。またthe moneyとすることにより「酒の代金」。

■ minor
アメリカでは21歳または18歳未満をいう。イギリスでは18歳未満。なお「成人」はadult、口語ではgrown-up。

■ refill
この語は「再び満たす」という意味。ここから、コーヒーなどの「おかわりください」という際にはRefill, please.とすればよい。

EXT. THIRD AVENUE - DAY - Don walks along the sidewalk, all the while glancing left and right to check if anyone is watching him. He comes to a fruit stand. He picks up some apples and puts them in the bag to cover the tops of the bottles. He whistles to the FRUIT MAN.

FRUIT MAN: Yes, sir.

Don looks at the apples, then gives the man a coin.

FRUIT MAN: Thank you.

Don turns and walks past MRS. DEVERIDGE who is with another woman.

DON	: Good afternoon, Mrs. Deveridge.
DEVERIDGE	: Hello, Mr. Birnam. (to her companion) **That's the nice young man who drinks.**

INT. NAT'S BAR - DAY - Don enters the bar. NAT is squeezing some lemons.

DON	: How is my very good friend, Nat, today?
NAT	: Yes, Mr. Birnam.
DON	: This being an especially fine afternoon, I have decided to ask for your hand in marriage.
NAT	: Look, Mr. Birnam...
DON	: If...
NAT	: Wha...
DON	: That were to be your attitude, Nat, I shall have to drown my sorrows in a jigger of rye. Just one, that's all.

Don sits down at the bar.

NAT	: Can't be done, Mr. Birnam.
DON	: Can't? Now let me guess why. My brother was here, undermining my financial structure.

屋外 - 3番街 - 昼 - ドンは歩道を歩くが、その間ずっと左右に目をやり、誰かが自分を見ていないかどうか確認する。彼は果物の屋台にやってくる。彼はリンゴを何個か手に取り、それを袋の中に入れてビンの先を覆い隠す。彼は果物売りに口笛を吹く。

果物売り ： はい、旦那。

ドンはリンゴを見て、男に硬貨を渡す。

果物売り ： ありがとうございます。

ドンは向きを変えてほかの女性と一緒にいるデヴェリッジ夫人のそばを歩いて通り過ぎる。

ドン ： こんにちは、デヴェリッジさん。
デヴェリッジ： こんにちは、バーナムさん。(自分の連れに) あの人が例の酒飲みの素敵な青年よ。

屋内 - ナットのバー - 昼 - ドンはバーに入る。ナットがレモンをいくつか絞っている。

ドン ： 僕の良き友人殿は今日は元気かな、ナット？
ナット ： ああ、バーナムさん。
ドン ： 今日は特別に素晴らしい午後だから、僕はあんたに結婚を申し込むことにしたよ。

ナット ： なあ、バーナムさん…
ドン ： もし…
ナット ： 何…
ドン ： それが君の態度だというなら、ナット、僕はライ・ウイスキーを一杯飲んでこの悲しみを紛らわせねばならない。一杯だけ、それっきりだ。

ドンはバーの席に着く。

ナット ： できないな、バーナムさん。
ドン ： できない？　さて、その理由を当ててみよう。僕の兄がここに来て、僕の財政組織を毀損した。

■ sidewalk
特に舗装した歩道をいう。なお、イギリスでは pavement、あるいは footpath。

■ all the while
= all the time; through the whole time; during the whole period

■ walk past
ここでの past は hurry, rush, ride, run, go などを伴って人や建物などを「通り過ぎて」を意味する。

■ companion
ここでは He is a companion of my childhood.(彼は私の子ども時代の遊び仲間だ)のように「友人」の意味で使われているが、a lady's companion (貴婦人のお相手役)のようにお金を払って雇われた「付き添い、話し相手」の意で用いられることも多い。

■ how is...
ここでの how は How are you feeling?(ごきげんいかがですか？)のように、状態を尋ねて「どんな具合で」の意。

■ especially
この語は particularly と同じく、ある事がとりわけ目立つような事例を挙げる際に用いられる。これらに類似した「主に、主として」の意を表す chiefly, mainly, principally は、ある事が大抵の事例に当てはまる場合に使われる。

■ ask for your hand in marriage
ask for a woman's hand (in marriage) で「女性に結婚を申し込む」を意味する。ask for に代わって seek また sue for でもよい。なお、「～に結婚の承諾を与える」とする場合は give one's hand to... となる。give に代わって offer ともする。

■ look
相手の注意を引く際の表現で、listen ともする。

■ drown my sorrows...of rye
drown one's sorrows で「酒で悲しみを紛らわす」を意味する俗語表現。なお、jigger は 1½ オンス容量の小さなウイスキーグラス。

■ That's all.
「それだけだ、それで終わり」
物事の終わりを示して no more need be said or done とか there is no alternative を意味する決まり文句。

■ Can't be done
文頭の It が省略されたもの。

NAT	: I didn't tell him nothing about the wrist watch you left here, or your cuff links.	I didn't tell him nothing ◎ wrist watch 腕時計 cuff link カフスボタン
DON	: Thank you very much, Nat. Today, you'll be glad to know, we can barter on a cash basis.	barter on a cash basis 現金取引をする ◎

Don takes out some money and puts in on the bar.

NAT	: One straight rye.	straight rye ストレートライ ◎
DON	: That was the idea.	

Nat places a shot glass on the bar in front of Don and fills it with rye. Don picks up the glass and is about to drink it, but stops seeing Nat stare at him. Nat takes one of the notes and goes to the cash register. Don lights a cigarette. He stares at the match flame, but cannot resist the drink. He quickly picks up the glass and drinks the rye in one go. Nat sees Don drinking the rye in the mirror and comes back with Don's change. Nat starts to wipe the wet ring left by the glass.

shot glass ウイスキーグラス ◎
fill 満たす, いっぱいにする
be about to... まさに〜しようとする ◎
flame 炎, 火炎
resist 我慢する, 抵抗する
in one go 一気に, 一度に ◎
wet ring 濡れた輪 ◎

DON	: Don't wipe it away, Nat. Let me have my little vicious circle. You know the circle is the perfect geometric figure. No end, no beginning... What time is it?	wipe away ふき取る, ぬぐい去る vicious circle 循環論証, 悪循環 ◎ geometric figure 幾何学的な形 ◎
NAT	: Quarter of four.	quarter 15分 of... 〜前 ◎
DON	: Good. We have the whole afternoon together. Will you let me know when it's a quarter of six? It's very important. I'm going to the country for a weekend with my brother.	

GLORIA gets up from the table and walks over to Don. She runs her fingers across his back as she walks past.

GLORIA	: Hello, Mr. Birnam. Happy to have you back with the organization.	Happy to...organization ◎
DON	: Hello, Gloria. (to Nat) I wish I could take you along, Nat. You...and all that goes with you. Not that I'm cutting myself off from civilization altogether.	all that goes with you ◎ cut off 遮断する, 断つ civilization 文明

40

The Lost Weekend

ナット	： あんたがここに置いていった腕時計やカフスボタンのことは、兄さんに何にも言わなかったよ。
ドン	： どうもありがとう、ナット。今日は、あんたが知ったら喜ぶだろう、僕たちは現金取引できるんだ。

ドンは金をいくらか取り出し、バーカウンターの上に置く。

ナット	： ライ・ウイスキー一杯、ストレートで。
ドン	： そういうわけだ。

ナットはドンの前のバーカウンターの上にショットグラスを1つ置き、ライ・ウイスキーで満たす。ドンはそのグラスを取り上げ、飲もうとするが、ナットが自分を凝視しているのを見て動きを止める。ナットはメモ書きを1枚取ってレジへと向かう。ドンはタバコに火をつける。彼はマッチの炎を見つめるが、しかし酒に抵抗することができない。彼は素早くグラスを取り上げ、一気にそのライ・ウイスキーを飲み干す。ナットはドンがライを飲むのを鏡の中で見、ドンのつり銭を持って戻ってくる。ナットはグラスでついた水の輪をふき始める。

ドン	： そいつをふき取らないでくれ、ナット。僕にこの小さい邪悪な輪を持たせておいてくれ。あんた知ってるだろ、円は完璧な幾何学模様なんだ。終わりがなく、始まりもない…今何時だい？
ナット	： 4時15分前。
ドン	： よろしい。僕たちは午後ずっと一緒に過ごすんだ。6時15分前になったら僕に教えてくれないか？ とても重要なんだ。兄と一緒に週末旅行で田舎に行くんだよ。

グロリアがテーブルを立ち、ドンに向かって歩いてくる。歩き過ぎながら、彼女は自分の指をドンの背中の横に滑らせる。

グロリア	： こんにちは、バーナムさん。組織にあなたが戻ってきてくれて嬉しいわ。
ドン	： やあ、グロリア。（ナットに）あんたも連れていければいいんだが、ナット。あんたと…あんたに付随するすべてのものを。文明すべてから全く自分を遮断するというわけではないんだがね。

■ I didn't tell him nothing
nothing は anything とすべきところ。このように俗語体で1つの節の中に2つの否定語を用いて1つの否定を意味する構文、いわゆる二重否定は、今日では教養のない人の非標準的な語法とされている。

■ barter on a cash basis
barter とは取引で物と物を交換すること、ここでは「現金と酒を交換する」、すなわち「現金で酒代を払う」という意味。

■ straight rye
straight とはウイスキーなどを「割ってない、生の」の意。

■ shot glass
ウイスキーやリキュールをストレートで飲むためのガラス製の小さなコップ。

■ be about to...
The meeting is just about to start.（会議がまさに始まるところだ）のように、be going to より差し迫った未来を表す副詞（句）とは、通例、一緒に用いない。近接未来の意を強めるために be just about to... とすることも多い。

■ in one go
ここでの go は「一回、一度、一飲み」など、一回の行為を意味する。

■ wet ring
ここでの ring は「指輪」ではなく、グラスによってついた円状の濡れた跡のこと。

■ vicious circle
病状の最初の変化が次の変化を起こし、そのため最初の病状が悪化する医学用語だが、ここでは、そのことを踏まえた上で「わが悪の円」とか「とがむべきわが円い跡」といったもの。ちなみに vicious は人、習慣、生活などが「堕落した、非難すべき、悪い」の意。

■ geometric figure
ここでの figure は「図形」の意。

■ of...
ここでの of は five minutes of three（3時5分前）のように「前」を表す。なお、five minutes to three のように to を用いてもよい。

■ Happy to have...the organization
文頭の I'm が省略されたもの。なお、ここでの一文は「ここに戻ってきていただいて嬉しいわ」ほどの意。organization は「組織、団体」の意だが、この酒場のことをこのように表現したもの。

■ all that goes with you
ここではバーの酒などをいったもの。

Don slides his bag in front of him and removes the apples to show Nat the bottles.

DON : Now of course there arises the problem of transportation into the country. How to smuggle these two time bombs past the royal guard. I'll roll one bottle in a copy of the Saturday Evening Post, so my brother can discover it like that. And I want him to discover it, because it'll set his mind at ease. The other bottle... Come here. That one I'm tucking into my brother's suitcase. He shall transport it himself, without knowing it, of course. Then, while he's greeting the caretaker, I'll slide it out and hide it in a hollow of the old apple tree.

Don taps on his glass.

NAT : Aw, Mr. Birnam, why don't you lay off the stuff for a while?

Nat pours Don another shot.

DON : Well, I may never touch it while I'm there. Not a drop. What you don't understand, all of you, is that I've got to know it's around. That I can have it if I need it. I can't be cut off completely. That's the devil. That's what drives you crazy.

NAT : Yeah. I know. I know a lot of guys like that. They take a bottle and put it on the shelf. All they wanna do is just to look at it. They won't even carry a corkscrew along, just to make sure. Then, all of a sudden, they grab the bottle and...

Nat pretends to bite the neck of the bottle.

NAT : bite off the neck.

ドンは袋を自分の前にするりと置き、リンゴを取り除いてナットに酒ビンを見せる。

ドン : さて、もちろん、ここで田舎への運搬の問題が生じる。どうやってこれら2つの時限爆弾を近衛兵の目をくぐり抜けて持ち込むかだ。1本のビンは『サタデー・イブニング・ポスト』の紙にくるんでおこう、すると兄は簡単にそいつを見つけることができるだろう。それも、僕は兄にそいつを見つけてもらいたいからさ、なぜってそうすれば兄の気が楽になるだろう。もう1本のビンは…こっちへ来い。あっちのビンは僕が兄のスーツケースの中に押し込んでおくんだよ。兄は自分でビンを運ぶんだ、もちろん、そうとは知らずにね。それから、兄が管理人にあいさつしてるうちに、僕はそいつを取り出して古いリンゴの木のくぼみに隠すわけさ。

ドンは自分のグラスをたたく。

ナット : なあ、バーナムさん、しばらくは酒をやめたらどうなんだい？

ナットはドンにもう一杯注ぐ。

ドン : そうだな、僕があっちにいる間は全く触れないかもしれない。一滴たりともだ。あんたに、あんたら全員にわからないのは、酒が近くにあるってことを僕が知っていなきゃいけないってことだよ。いざとなったらそいつが飲めるってことをだ。完全に切り離すことはできない。それが困った点だ。それこそが人を狂わせるものなんだよ。

ナット : ああ、わかるとも。そんな連中を大勢知ってる。そいつらはビンを1本取って、棚の上に置く。連中はただそれを見ていたいだけなんだ。栓抜きを持ち歩くことすらしない、ただ確認したいんだよ。それから突然、ビンをつかんで…

ナットはビンの首をかむふりをする。

ナット : 栓を歯でかみ切るんだ。

■ arise
ここでは「起きる」ではなく、Trouble arises when we have no food.（食料がないと問題が生じる）のように occur とか happen の意。

■ time bomb
ここでは酒のこと。

■ royal guard
ここでは彼を見張っている兄のこと。

■ Saturday Evening Post
1821年に創刊されたアメリカの年9回刊行の総合雑誌。

■ like that
しばしば指をパチッと鳴らして使われる。just like that ともする。

■ it'll set his mind at ease
直訳「それは彼を安心させる」から「そうすれば彼の気が済むからね」となる。なお set his mind at ease は「彼を安心させる」の意。set に代わって put、mind に代わって heart を使うこともある。

■ aw
抗議，不信，不快，不満などを表す間投詞。ただし，同意，感謝を表して「おやどうも、ありがとう」といった意味合いで使われることもある。

■ lay off
She promised to lay off drinking.（彼女は禁酒すると約束した）のように酒などを「断つ」の意を表す。

■ stuff
ここでは酒のこと。

■ touch
ここでは飲食物などに「手をつける、口にする」といった意味。この意味の場合は、通例、否定語と共に用いられる。

■ That's the devil
直訳「それが悪魔だ」から「それが困った点だ」となる。ここでの devil は口語で「手に負えないもの、厄介な問題」ほどの意。

■ grab
この語の持つ基本的な意味 to take something suddenly から Let's grab some coffee.（コーヒーを軽く飲もうよ）のように「素早く手に入れる、急いで飲む、食べる」の意でも頻繁に使われる。

■ bite off the neck
bite off を使ったのは栓抜きがないため。なお、neck とは一般的に首に似た「細い部分」をいう。

DON	: Nat, one more reproving word and I shall consult our lawyer about a divorce. Now don't forget, quarter of six. My brother must find me home, ready and packed.	reproving とがめる, たしなめる consult 相談する My brother...home ⇨

Gloria comes out of the bathroom and back to Don. She strokes the back of his neck. Don takes her hand.

stroke なでる, さする

DON	: Shall we dance?	
GLORIA	: You're awfully pretty, Mr. Birnam.	awfully 本当に, すごく
DON	: I bet you tell that to all the boys.	I bet ⇨
GLORIA	: Why, natch. Only with you it's on the level.	why そりゃ, まあ ⇨ natch もちろん, 当然 ⇨ on the level 正直な, 誠実な
DON	: Yeah. Sit down.	
GLORIA	: No thanks. Thanks a lot, but no thanks. There's somebody waiting.	No thanks ⇨
DON	: Him? I bet he wears arch supporters.	arch supporter 踏まず芯
GLORIA	: Oh. He's just an old friend of the folks. Lovely gentleman. He buys me dimpled Scotch.	folks 人々, 家族 ⇨ dimpled Scotch ディンプル・スコッチ
DON	: He should buy you Indian rubies, and a villa in Calcutta overlooking the Ganges.	ruby ルビー villa 別荘 Calcutta カルカッタ ⇨ overlook 見下ろす, 見渡す the Ganges ガンジス川 ⇨
GLORIA	: Don't be ridic.	Don't be ridic ⇨
DON	: Gloria, please, why imperil our friendship with these loathsome abbreviations.	imperil 危うくする, 危険にさらす loathsome 嫌悪感を起こさせる, 胸の悪くなるような abbreviation 省略形, 略語
GLORIA	: I could make myself free for later on, if you want.	later on 後で, 追って
DON	: No, Gloria, I'm going away for the weekend. Some other time.	Some other time ⇨
GLORIA	: Any time. Just crazy about the back of your hair.	any time いつでもいいです Just crazy about... ⇨

Gloria returns to an old man she is with at the table.

DON	: Nat, weave me another.	weave me another もう一杯くれ
NAT	: You'd better take it easy.	take it easy ⇨
DON	: Oh. Don't worry about me. Just let me know when it's a quarter of six.	
NAT	: Okay.	

ドン	:	ナット、叱責の言葉をもう一言でも言ったら、僕たちの弁護士に離婚の相談だ。さあ、忘れるなよ、6時15分前だ。兄が帰ってくるときには僕は家にいないと、ちゃんと荷作りを済ませてね。

グロリアが化粧室から出てきてドンの所へ戻ってくる。彼女はドンのうなじをなでる。ドンは彼女の手を取る。

ドン	:	踊ろうか?
グロリア	:	あなたって本当に素敵ね、バーナムさん。
ドン	:	君はきっと男全員にそう言うんだろうね。
グロリア	:	あら、もちろん。正直言ってあなたにだけよ。
ドン	:	そうかい。座れよ。
グロリア	:	いいえ、結構。どうもありがとう。でも結構待ってる人がいるのよ。
ドン	:	彼かい? 絶対あいつは踏まず芯を着けてるぜ。
グロリア	:	まあ。彼はただの親戚の古いお友だち。素敵な紳士、彼は私にディンプル・スコッチをおごってくれるのよ。
ドン	:	彼は君にインディアン・ルビーを買うべきだ、そしてガンジス河を見下ろすカルカッタの別荘を。
グロリア	:	おばかなこと言わないで。
ドン	:	グロリア、お願いだ、そんな不快な略語で僕たちの友情を危険にさらすのはよしてくれ。
グロリア	:	後で、あたし、自由の身になれるわよ、お望みなら。
ドン	:	いや、グロリア、僕は週末旅行に出かけるんだ。いつかまたの機会に。
グロリア	:	いつだっていいわよ。ただあなたの後ろ髪に夢中だけ。

グロリアはテーブルを共にしている老人の所へ戻る。

ドン	:	ナット、僕にもう一杯作ってくれ。
ナット	:	あんた、無理しない方がいい。
ドン	:	ああ。僕のことは心配いらない。ただ6時15分前になったら教えてくれ。
ナット	:	わかったよ。

■ My brother must find me home
直訳「私の兄は私を家で見つけなければならない」とは「兄貴が帰ってくるときには、私は家にいないとね」ということ。

■ I bet.
「きっと、さぞかし」
bet が「金を賭ける」の意を表すことから I'm sure の意味で使われる決まり文句。

■ why
当然の承認、抗議、反対、意外、驚きなどを表す間投詞。

■ natch
naturally の短縮および綴り直しによる。

■ No thanks.
「いえ結構です」
相手の好意、サービス、親切などを断る決まり文句。No, thank you の省略表現。

■ arch supporter
靴の底に入れて土踏まずを支えるもの。

■ folks
単数は folk だが、通例 folks として使われる。

■ dimpled Scotch
The Dimple は商標で、くぼんだ形のビンが特徴。dimple とは「小さなくぼみ」(名)、「くぼみをつける」(動) の意。

■ Calcutta
インド北東部西ベンガル州の州都。ガンジス川の河口近くにある大都市で、イギリス領インド時代の首都 (1733 - 1912)。

■ the Ganges
ヒンドゥー教徒にとっての聖なる川で、長さ2,510キロメートル。

■ Don't be ridic
「ばかなことを言うな」の意で、ridic は ridiculous の短縮形。

■ Some other time.
「またいつか、そのうちに」
相手が忙しくしているときの決まり文句。

■ Just crazy about...
文頭の I'm が省略されたもの。なお、crazy about... は I'm crazy about you.(私はあなたに首ったけです)のように「〜に夢中だ」の意。

■ Take it easy.
「気楽にやる、焦らないで、無理するな」
相手がイライラしたり、無理をしたり、緊張したりしている際に「もっとのんびりいこう、気を楽にして」などの意味合いで、頻繁に使われる決まり文句。Relax とか Don't get excited、あるいは Good-bye and be careful ほどの意。

Nat fills Don's glass again.

DON : Come on, Nat. Join me. Just one little jigger of dreams, huh?
NAT : No thanks.
DON : You don't approve of drinking?
NAT : Not the way you drink.
DON : It shrinks my liver, doesn't it, Nat? It pickles my kidneys. Yes. But what does it do to my mind? It tosses the sandbags overboard so the balloon can soar. Suddenly, I'm above the ordinary. I'm competent, supremely competent. I'm walking a tightrope over Niagara Falls. I'm one of the great ones. I'm Michelangelo molding the beard of Moses. I'm Van Gogh, painting pure sunlight. I'm Horowitz, playing the Emperor Concerto. I'm John Barrymore before the movies got him by the throat. I'm Jesse James and his two brothers, all three of them. I'm W. Shakespeare. And out there it's not Third Avenue any longer. It's the Nile, Nat. The Nile and down it moves the barge of Cleopatra. Come here. Purple the sails, and so perfumed that the winds were lovesick with them; the oars were silver, which to the tune of flutes kept stroke...

There are now six wet rings on the bar.

INT. APARTMENT / NAT'S BAR - EVENING - Helen and Wick have returned. Wick packs his bag.

HELEN : Maybe he's at Morandi's or Nat's bar, or that place on Forty-second street.
WICK : What difference does it make?
HELEN : You're not really going, Wick.
WICK : I certainly am.

The Lost Weekend

ナットはドンのグラスを再び満たす。

ドン ： さあ、ナット。付き合えよ。グラス一杯の夢を、なあ？

ナット ： 結構だ。

ドン ： 君は飲酒をよく思わないのか？

ナット ： あんたみたいな飲み方はだめだ。

ドン ： 飲むと僕の肝臓は縮むわけだ、違うか、ナット？ 飲むと僕の腎臓はぶっ壊れる。そうだ。だけど飲むと僕の心はどうなる？ 飲むと砂袋は船外に放り投げられ、気球は空高く舞い上がる。突然、僕は通常を超えるんだ。有能、最高に有能になる。ナイアガラ瀑布を綱渡りしてる。偉大な人間の一員だ。モーゼのあごひげを制作しているミケランジェロ、純粋な日の光を描くヴァン・ゴッホ。皇帝コンチェルトを奏でるホロビッツ。映画に首ねっこを絞められる前のジョン・バリモア。ジェシー・ジェームズと彼の２人の兄、その３人を束ねたものだ。僕はウイリアム・シェークスピア。そしてこの外はもう３番街じゃない。ナイル川だよ、ナット。ナイル川の川下でクレオパトラの船が進んでいる。こっちへ来い。船の帆は薄紫色、ふくいくたる芳香が風までが帆に恋煩う。オールは銀色、フルートの音色に合わせて漕いでいく…

今ではカウンターの上に６つの濡れた輪ができている。

屋内－アパート－ナットのバー－夕方－ヘレンとウィックは戻っている。ウィックが荷作りをする。

ヘレン ： たぶん、彼はモランディの店かナットのバーにいるでしょう。それとも42番街のあそこかも。

ウィック ： だから何？

ヘレン ： 本当に行く気じゃないわよね、ウィック。

ウィック ： もちろん行くさ。

■ Not
ここでは I do not approve of のこと。

■ pickle
この語の「ピクルスにする、漬け汁に浸す」の意から俗語で「酒浸りになる、台無しになる」の意を表す。

■ soar
酒を飲んだときの高揚感を空高く舞い上がる気球に例えて話している。

■ Niagara Falls
カナダ側の Horseshoe Falls とアメリカ側の American Falls から成る。

■ Michelangelo
イタリアの彫刻家、画家、建築家、詩人 Michelangelo Buonarroti (1475 - 1564)。

■ Moses
ヘブライの指導者。イスラエル人のエジプト人脱出を指揮し、カナンの地へ導いた。

■ Van Gogh
オランダの画家 Vincent Van Gogh (1853 - 90)。

■ Horowitz
ロシア生まれのピアニスト Vladimir Horowitz (1903 - 89)。1928 年に米国に移住。

■ Emperor Concerto
ベートーベンのピアノ協奏曲第５番。1808 年に作曲に着手し 1809 年に完成。

■ John Barrymore
アメリカの俳優一家の１人 (1882 - 1942)。

■ Jesse James
南北戦争でゲリラ部隊に入隊したが、後に兄 Frank と共に「ジェームズ団」を組織して銀行強盗などを繰り返す。

■ W. Shakespeare
英国の詩人、劇作家 William Shakespeare (1564 - 1616)。

■ the Nile
アフリカ北東部の世界最長の川で、長さ 5,592 キロメートル。

■ Cleopatra
エジプトの女王 (69 - 30B.C.) で、プトレマイオス朝最後の王。なお、直後の Purple... はシェークスピアの *Antony and Cleopatra* (1606 - 7) の２幕２場からの引用。

■ What difference does it make?
直訳「それがどういった違いを作るんだ？」から「そんなのはどっちだっていい」とか「同じことではないか」となる。

47

HELEN	:	But you can't leave him alone. Not for four days.
WICK	:	Yes I can.
HELEN	:	Oh. For heaven's sake, Wick. If he's left alone, anything can happen! And I'm tied up at the office every minute. All Saturday. All Sunday. I can't look out for him. And you know how he gets. He'll be run over by a car. He'll be arrested. He doesn't know what he's doing. A cigarette might fall from his mouth and he'll burn in bed...
WICK	:	Oh, Helen. If it happens, it happens. And I hope it does. I've had six years of this. I've had my bellyful.
HELEN	:	Wick, you can't mean that.
WICK	:	Yes, I do. It's terrible, I know, but I mean it.
HELEN	:	For heaven's sakes, Wick...
WICK	:	Who are we fooling? We've tried everything, haven't we? We've reasoned with him, we've babied him. We've watched him like a hawk. We've tried trusting him. How often have you cried? How often have I beaten him up? We scrape him out of a gutter and pump some kind of self-respect into him, and back he falls, back in, every time.
HELEN	:	He's a sick person. It's as though there were something wrong with his heart or his lungs. You wouldn't walk out on him because he had an attack. He needs our help.
WICK	:	He won't accept our help. Not Don. He hates us. He wants to be alone with that bottle of his. It's all he gives a hang about. Why kid ourselves? He's a hopeless alcoholic.

---

for heaven's sake 後生だから, お願いだから
be tied up 忙しい, 忙しくて手が離せない

look out for... 〜に気を配る, 気をつける
run over ひく, ひき殺す
arrest 逮捕する

bellyful 満腹, たっぷり
mean ひどい, 恐ろしい

Who are we fooling
reason 説得する, 言って聞かせる
baby 赤ん坊扱いする, 甘やかす

beat up さんざんぶん殴る
scrape かき出す, 掘る
gutter 溝, どぶ
pump ポンプでくみ上げる, 注ぐ
self-respect 自尊心
back he falls

wrong with... 〜が悪い
lung 肺
walk out on... 〜を見捨てる
attack 攻撃

hate 憎む
It's all he...hang about
Why kid ourselves
hopeless 望みのない, 絶望的な
alcoholic アルコール中毒者

The Lost Weekend

ヘレン	:	でも彼を独りにしてはだめよ。4日間もなんてだめ。
ウィック	:	いや、いいさ。
ヘレン	:	ねえ、お願いだから、ウィック。彼を独りにすれば何か起こるかもしれないわ！ それに私、オフィスでずっと仕事だし。土曜日も、日曜日もずっと。彼についていてあげられないもの。それに彼がどうなるかあなたにもわかるでしょう。車にひかれるかも知れないし、逮捕されるかも知れない。彼は自分が何をしているかわからないのよ。口からタバコが落ちて、ベッドで焼け死ぬかも知れないわ…
ウィック	:	ねえ、ヘレン。そのときはそのときさ。それに私はむしろそうなることを願うね。6年間もこの状態なんだ。もううんざりだよ。
ヘレン	:	ウィック、それ、本気じゃないわよね。
ウィック	:	ああ、本気さ。ひどいのは承知だけど、本気だよ。
ヘレン	:	お願い、ウィック…
ウィック	:	私たちは誰をだまそうとしているんだい？ 自分たちにできることはすべてやってきた、そうだろう？ 彼と話し合いもしたし、甘やかしもした。まるでタカのように彼をじっと監視してきたし、彼を信じようと努力もしてきた。君は何度泣かされた？ 私は何度彼を殴った？ 私たちは彼をどん底の生活から引きずり出して自尊心ごときものを持たせようとしてきた。だが彼はいつも元に、元の状態に戻ってしまうんだ。
ヘレン	:	彼は病人なのよ。まるで心臓や肺が病んでいるように。彼が発作を起こしたからといって見捨てるべきではないわ。彼は私たちの助けを必要としているのよ。
ウィック	:	あいつは私たちの助けを受け入れないさ。ドンはそういうやつだ。私たちを嫌っているからね。彼は自分の酒ビンと2人きりでいたいんだ。あいつが考えているのはそれだけさ。ごまかすのはやめよう。やつはどうしようもないアル中なのさ。

■ for heaven's sake
いら立ちや怒りを表したり命令形を強めたりする。heaven's に代わって God's、Christ's、goodness、Pete's も使われる。

■ be tied up
tie up は人を「従事させる、忙しくさせる」の意で、通例、I'm all tied up.（今忙しくて手が離せない）のように受身で使われる。

■ run over
この表現は The dog was run over by a car.（その犬は車にひかれた）のように、しばしば、受身で使われる。

■ arrest
「おまえを逮捕する」という場合は、この名詞を使い You are under arrest. とする。

■ bellyful
I've had a bellyful of your complaining.（おまえの不平にはもうたくさんだ）のように、特に不愉快なものについていう。

■ Who are we fooling?
「誰をごまかしているんだ？」とは「自分をごまかしてもだめだ」ということ。

■ baby
ここでは She is babied by her parents.（彼女は両親によって甘やかされている）のように pamper を意味する。

■ back he falls
「彼は元の状態に戻る」の意で、he falls back のこと。

■ wrong with...
wrong の基本的意味は道徳的に「正しくない、悪い」から、判断や意見などについて用いられると「間違っている」、機械などについて使われると「調子が狂った」、意図、目的、期待などについては「添わない」などになる。また、身体や器官になると There is something wrong with my stomach.（何か胃の調子がおかしい）のように「具合が悪い、おかしい」。

■ attack
ここでは「攻撃」ではなく、「発病、発作」のこと。
ex. He had a heart attack last night.（彼は昨夜、心臓発作を起こした）

■ It's all he gives a hang about
「彼が考えているのはそれだけだ」の意。ここでの a hang は「ほんのわずかの関心」の意。否定文で使われることが多い。

■ Why kid ourselves?
直訳「なぜ自分たちをごまかすのかね？」から「自分たちをごまかしても仕方がない」とする。

49

More rings cover the bar. Don slams his glass down on the bar.

DON	: The cloud-capp'd towers, the gorgeous palaces. Nat! The solemn temples, the great globe itself...
NAT	: Mr. Birnam, you ought to go home. It's late.
DON	: Yea, all which it inherit shall dissolve...
NAT	: You ought to go home, on account of your brother.
DON	: Who says so?
NAT	: You said so. On account of your going away somewhere, don't you remember?
DON	: What time is it?
NAT	: Ten past six.
DON	: Well, why didn't you tell me?
NAT	: What do you think I've been doing for a half an hour? Hey, hey, your change.

Don grabs his bag and leaves. The apples fall on the bar and he leaves behind his change. Don hurries back to the apartment building. He goes in the front door and starts to climb the stairs when he hears footsteps. He goes out the back door and watches Helen and Wick through the mesh screen. Helen and Wick go out onto the sidewalk.

WICK	: Taxi! Taxi! (to Helen) I'll give you a lift as far as Grand Central.
HELEN	: No thanks. I'm gonna wait here.
WICK	: You're crazy.
HELEN	: Because I won't give up? Maybe I am.
WICK	: Let go of him, Helen. Give yourself a chance.
HELEN	: Goodbye, Wick.

A taxi pulls up. Wick gets in. Don comes back inside and sneaks up the stairs. Helen is crying, waiting on the sidewalk. Don goes into his apartment. He puts one bottle on a side table and looks for a hiding place for the second.

バーカウンターにさらに輪が増える。ドンはバーカウンターにグラスをドンと置く。

ドン ：雲を頂いた塔、きらびやかな宮殿。ナット！荘厳な寺院、それは偉大な天体そのものだ…

ナット ：バーナムさん、もう家に帰らないと。遅いから。

ドン ：そう、地球が受け継ぐすべてのものは消えてなくなるだろう…

ナット ：家に帰るべきですぜ、お兄さんのことがあるからさ。

ドン ：誰がそう言った？

ナット ：あんたがそう言ったんだ。どこかへ行くからとの理由でね。覚えてないのかい？

ドン ：今、何時だ？

ナット ：6時10分。

ドン ：おい、何で、教えてくれなかったんだ？

ナット ：この30分間、俺が何をしていたと思う？　ちょっと、ちょっと、おつりだよ。

ドンは袋をつかみ出ていく。バーカウンターの上にリンゴが落ちるが、彼はおつりを残して立ち去る。ドンはアパートに急いで戻る。正面の入り口から入り階段を上がろうとすると、足音が聞こえてくる。彼は裏口から外に出て、メッシュのスクリーン越しにヘレンとウィックを見る。ヘレンとウィックは歩道へと出ていく。

ウィック ：タクシー！　タクシー！　（ヘレンに）グランド・セントラル駅まで送ろう。

ヘレン ：結構よ。私、ここで待つわ。

ウィック ：正気じゃないね。

ヘレン ：私があきらめないから？　そうかもね。

ウィック ：もう彼を忘れろ、ヘレン。君はもう一度やり直すんだ。

ヘレン ：さようなら、ウィック。

タクシーが止まり、ウィックは乗車する。ドンはアパートに戻り、こっそり階段を上がる。ヘレンは泣きながら歩道で待っている。ドンは自分のアパートに入る。ボトル1本をサイドテーブルに置き、2本目のビンの隠し場所を探す。

■ **cloud-capp'd...**
シェークスピアの *The Tempest*（1611）の4幕1場からの引用。

■ **ought to...**
この表現は義務や道徳的責任、妥当性、忠告などを表して使われる。ここでは忠告。

■ **go home**
come/return home ともする。なお、話し手が自宅外にいるときは go home、自宅にいるときは come home。ただし、電話などで自宅にいる家族と話すときは外にいても come home を用いる。ちなみに、「家に帰り着く」は get home、「家にいる」は be home。

■ **yea**
肯定、同意を表して「さよう」、また古語、文語で「実に、まことに」を意味する。

■ **well**
ここでは驚き、非難などを表す間投詞。

■ **change**
「おつりを出す」は make change、「おつりは取っておけ」は keep change。

■ **apartment building**
apartment house ともする。なお、これらの場合は建物全体をいう。1世帯分のアパートは an apartment、イギリスでは flat となる。

■ **give a person a lift**
ここでの lift は「車に乗せてやること、便乗」の意。

■ **Grand Central**
New York の Grand Central Terminal のこと。なお、Grand Central Station はその地下の地下鉄の駅を指す。

■ **give up**
病人などについて使うと They gave him up.（彼らは彼を見放した）のように「（人を）あきらめる、だめだとさじを投げる」、仕事、地位、信仰、酒、タバコ、習慣などについては「やめる、断念する」となる。

■ **Give yourself a chance**
直訳「自分にチャンスを与える」から「新しくやり直せ」とか「考え直すべきだ」ほどの意。

■ **pull up**
車について用いられると to arrive some place の意。

■ **side table**
壁際または主なテーブルの脇に置くテーブル。

Finally, he puts a chair on the coffee table and climbs up to put the bottle in the light shade. He opens the other bottle and pours himself a drink. He sinks down into the armchair smiling. The camera zooms into the glass.

finally	最後に，ついに
coffee table	コーヒーテーブル ⇨
light shade	電灯のかさ
sink down	崩れるように倒れる，もたれる
armchair	肘掛け椅子
zoom	画像を拡大する，クローズアップする

ライ・ウイスキーについて

　主人公、ドン・バーナムがショットグラスで浴びるように飲む液体が"rye"、ライ・ウイスキーである。大麦、ライ麦、トウモロコシなどの穀物を麦芽の酵素で糖化し、これを発酵させ蒸留したものがウイスキーという総称で呼ばれ、材料や産地によって何種類にも分類される。ライ・ウイスキーは主に北アメリカで生産され、ライ麦を主原料とする。アメリカ合衆国とカナダではそれぞれ定義が異なり、アメリカでは、ライ・ウイスキーは連邦法によりマッシュ（原料となる麦芽液）の51％以上がライ麦で作られているものと決められており、カナダ産のウイスキーはライ麦が低比率であってもライ・ウイスキーと呼ばれることが多い。ちなみに代表的なアメリカの蒸留酒バーボンはライ・ウイスキーと製造方法は同一であるが、マッシュの51％以上がトウモロコシである点が異なる。ライ・ウイスキーはライ麦の使用比率を上げることによってバーボンより甘さを抑えたスパイシーな味わいがある。水割りやソーダ割り、あるいはカクテルベースとして飲まれるのが一般的であり、カクテルの女王と称されるマンハッタンはライ・ウイスキーをベースとしている。禁酒法時代以降のアメリカの大衆小説にはライ・ウイスキーを何かで割って飲む場面が多く描写されている。当時、ライは安ウイスキーの代名詞とされ品質的にも劣ったものが多く、早くからカクテルとしてごまかす必要があったのでは、という説もある。一方で英国スコットランド産のスコッチ・ウイスキーは、なめるようにちびちびと飲むのが一般的だったらしい。ナット

最後には、コーヒーテーブルの上に椅子を置き、その上に乗って、ランプシェードの中にボトルを入れる。彼はもう1本のボトルを開け、自分用に注ぐ。肘掛け椅子に深々と座り、微笑む。カメラはグラスにズームインをする。

■ coffee table
飲み物や雑誌などを載せてソファの前に置く応接、喫茶用の低い小卓。cocktail tableともいう。

の店でドンに声をかけるグロリアが、同席の男性を「ディンプル・スコッチをおごってくれる素敵な紳士よ」と称する場面がある。三角形にえくぼのような凹みのついた独特のビンに入ったディンプル・スコッチは、当時の庶民にとっては高級品であったことがうかがえる。いずれにしても、ウイスキーをストレートで一気に飲み干すという飲み方は、ウイスキーの舌触りや香気を口内で味わうといった本来の楽しみ方からは逸脱した、依存者特有の病的な飲み方である。ドンはもっぱらライ・ウイスキーを欲しているが、彼はライ・ウイスキーの愛好者なのではない。「一番安いやつだ。12年物の、樽で熟成させたおしゃれなやつなんかじゃない」というセリフ通り、すべてのウイスキーに含まれている40％以上のアルコール濃度に飢えているのである。

　アメリカでは1933年の禁酒法廃止以後現在に至るまで、宗教的・社会的要因により、酒類の販売に関しては州による許認可免許制度が実施されている。特にハードリカーと呼ばれる蒸留酒の販売免許はビールやワインのそれとは明確に区別され、スーパーマーケットなどにはハードリカーの販売を認可しない州がほとんどであり、全米にネットワークを持つテレビ放送においては、たとえワイルド・ターキー（Wild Turkey）、ジム・ビーム（Jim Beam）といったアメリカが世界に誇るブランドであっても、ウイスキーのCMを目にすることはない。

宮本　節子（相模女子大学准教授）

The Bottle

INT. APARTMENT - DAY - Don steps out of the apartment. He finds a note stuck on the door. It reads, "Don Dear - I waited for you to come home. Please be careful. Get some sleep. Eat. And call me, call me, call me, Helen." Don closes the door quietly before going down the stairs.

INT. NAT'S BAR - DAY - Don walks into the bar and pulls down a stool to sit on. Nat is cooking his lunch.

NAT	: Hi. I thought you was going away for the weekend.
DON	: Pete's sake, what are you doing? Come on and give me a drink!
NAT	: Right with you, Mr. Birnam. Just fixing myself some lunch.
DON	: Well, stop it and come on and give me a drink, for heaven's sake. Come on, come on!
NAT	: Okay.
DON	: Can't you hurry it up a little?
NAT	: Here you are, Mr. Birnam.

Nat puts his lunch on the bar. He pours a drink for Don.

NAT	: That young lady stopped in last night, looking for ya.
DON	: What young lady?
NAT	: The one with the leopard coat.
DON	: Yeah?
NAT	: Yeah. She was acting like she just happened to drop in, but I know she was making the rounds after you.
DON	: What did you say to her?

---

step out of... 〜から歩いて出る, 〜から踏み出す ◎
stick 貼りつける
read 読める, 書かれている ◎
be careful 気をつける, 注意する
call 電話する ◎
quietly 静かに, そっと

stool スツール, 肘掛け ◎

Hi ◎
you was ◎
go away 遠くへ, 出かける ◎
Pete's sake 頼むから, おやおや ◎

Right with you ◎
fix 作る, 用意する

hurry it up a little もう少し急ぐ ◎
Here you are ◎

stop in ちょっと立ち寄る

leopard coat ヒョウの毛皮のコート

happen to... たまたま〜する, 偶然〜する
make the rounds 一巡する, 順次訪れる ◎
after... 〜を探して, 〜を求めて

酒ビン

TIME　00：22：30
□□□□□□

屋内－アパート－昼－ドンがアパートから出てくる。彼はドアに貼られたメモを見つける。それにはこう書いてある。「親愛なるドン－あなたの帰りを待っていました。どうかお大事に。ちゃんと睡眠をとって食べてください。そして私に電話して、電話して、電話して、ヘレンより」。ドンは静かにドアを閉め、階段を下りる。

屋内－ナットのバー－昼－ドンがバーに入ってきて椅子を引きよせ座る。ナットは昼食を作っている。

ナット	:	やあ、あんた、週末の旅行に出かけたと思ったが？
ドン	:	おいおい、何をしてる？　さっさと僕に酒をくれ！
ナット	:	すぐに、バーナムさん。ちょうど昼食を作っているもんだから。
ドン	:	なあ、そんなことはやめてさっさと酒をくれ、頼むから！　早く、早く！
ナット	:	わかったよ。
ドン	:	もっと急げないのか？
ナット	:	さあ、どうぞ、バーナムさん。

ナットはバーカウンターに昼食を置き、ドンに酒を注ぐ。

ナット	:	昨晩、あの若いご婦人があんたを探しに来たよ。
ドン	:	どんな若い婦人だ？
ナット	:	ヒョウの毛皮のコートを着た人だ。
ドン	:	そうかい？
ナット	:	ああ。たまたま店に入ったように振る舞っていたが、あんたを探して歩き回っていたに違いない。
ドン	:	彼女に何と言った？

■ step out of...
step は step back（後退する）、step forward（前進する）のように方向の副詞（句）を伴って「進む、歩く」の意を表す。

■ read
この語の基本的な意味は「読む」から The memo reads as follows.（そのメモには次のように書いてある）のように「書いてある、となっている、のように読める」の意を表す。

■ call
この語の名詞を使って Give me a call.（私に電話ください）とする場合も多い。なお、call に代わって ring ともする。

■ stool
背もたれのない1人用の腰掛け。

■ Hi.
「やあ、こんにちは」
Hello の意で使われるあいさつ。
ex. Hi there.（やあ、こんにちは）

■ you was
正しくは you were。

■ go away
基本的意味「立ち去る」から「人と遠くへ出かける」の意を表して使われる。

■ Pete's sake
For Pete's sake のこと。Pete's に代わって Pete's sake ともする。

■ Right with you.
「すぐ参ります、ただいま」
文頭の I'll be が省略。店で客に対して「はい、ただいまご用件を伺います」といった意味合いで使われる決まり文句。

■ hurry it up a little
hurry up は「急ぐ、急いでする」。
ex. Hurry up, or you'll be late for the bus.（急げ、でないとバスに遅れる）

■ Here you are.
「はいどうぞ」
相手に物を差し出すときの決まり文句。Here it is ともする。

■ make the rounds
go the rounds、do one's rounds などともする。

55

NAT	: I said you hadn't been in for two weeks.	
DON	: That's good. I can't let her see me. Not now while I'm "off" like this.	That's good ◎ while I'm "off" ◎
NAT	: Why don't you cut it short?	cut it short 急に終わらせる, 切り上げる
DON	: Don't talk like a child. You can't cut it short! You're on that merry-go-round and you've got to ride it all the way, round and round, till the blasted music wears itself out and the thing dies down and clunks to a stop.	merry-go-round メリーゴーランド ◎ all the way ずっと, 完全に round and round ぐるぐると blasted いまいましい wear out 消え去る ◎ die down 徐々にやむ clunk ガーンと殴る, ガタンと音を立てる
NAT	: Hey, how about you eatin' some of this?	

Nat offers his plate of food.

DON	: Take it away.	take away 運び去る, 片付ける
NAT	: You gotta eat somethin' sometime.	gotta 〜をしなければならない ◎
DON	: Just give me another drink.	
NAT	: Mr. Birnam, this is the mornin'.	
DON	: That's when you need it most, in the morning. Haven't you learned that yet? At night, this stuff's a drink. In the morning, it's medicine.	a drink 一杯, 一飲み ◎ medicine 薬
NAT	: Okay if I eat?	
DON	: A little to one side. Nat, are you ever scared when you wake up? So scared the sweat starts out of ya, huh? No, not you. With you it's simple. Your alarm clock goes off and you open your eyes and brush your teeth and read the Daily Mirror. That's all. Do you ever lie in your bed looking at the window? A little daylight's coming through, and you start to wonder, is it getting lighter, is it getting darker? Is it dawn or is it dusk? That's a terrifying problem, Nat. Because if it's dawn, you're dead. The bars are closed and the liquor stores don't open till nine o'clock, and you can't last till nine o'clock. Or it maybe Sunday.	scared 怖がる, おびえる sweat 汗 go off 鳴り出す, 音を出す the Daily Mirror デイリー・ミラー ◎ lie in your bed ベッドで横になっている, 寝ている ◎ wonder 不思議に思う, 思い巡らす dawn 夜明け dusk 夕暮れ, たそがれ terrifying 恐ろしい, ぞっとさせる you're dead ◎ liquor store 酒屋 you can't last ◎

The Lost Weekend

ナット	：	2週間ほどお見えになってないと言っといたよ。
ドン	：	それでいい。彼女にはこんな姿を見せられない。こんなまともじゃない状態ではだめだ。
ナット	：	酒をやめたらどうだ？
ドン	：	子どもみたいなこと言うな。やめられるか！ 回転木馬に乗るとずっと乗ってなきゃならないのさ。ずっとずっと回り続けなきゃならないんだ。ひどい音楽が消えて、そいつが徐々にゆるやかになり、鈍い音を立てて止まるまでね。
ナット	：	なあ、こいつを少し食べないか？

ナットは自分の料理を差し出す。

ドン	：	下げてくれ。
ナット	：	時には何か食べないと。
ドン	：	もう一杯だけ酒をくれ。
ナット	：	バーナムさん、今は朝ですぜ。
ドン	：	朝だから一番必要なのさ。まだそれがわからないのか？ こいつは、夜にはただの飲み物だが、朝になると薬なのさ。
ナット	：	食事をしてもいいかな？
ドン	：	もうちょっと向こうで食べてくれ。ノット、目覚めるとき、恐怖を感じることはないか？ あまりにも怖くて汗が流れ出るなんてことは、え？ いや、君はないだろう。君の場合は単純だからね。目覚まし時計が鳴ると、君は目を開け、歯を磨いて、デイリー・ミラーを読む。それだけだ。ベッドで横になったまま窓を見ることはあるか？ わずかな日の光が入っているので、外は明るくなっているのか、暗くなっているのか、と考え始める。夜明けか、それとも夕暮れか？ それは恐ろしい疑問だよ、ナット。というのも、夜明けなら一巻の終わりだからさ。バーは閉まっているし、酒屋が9時まで開かない、だが君は9時までもたないんだ。それとも、日曜日かも知れない。

■ **That's good.**
「それはいい、結構」
上記の意で用いられる決まり文句。単にGood, Very good などともする。

■ **while I'm "off"**
ここでの off は「外れて、それて」という基本的意味から人、言葉、態度、考えなどについて用いられて「ずれている、間違った、おかしい、まともでない」などの意を表して使われる。

■ **cut it short**
ここでの it は drinking のこと。

■ **merry-go-round**
回転木馬のことで、carousel, carrousel ともする。この時代の遊園地で最も楽しい乗り物であることから、「楽しいこと」の象徴として頻繁に使われる。

■ **round and round**
ここでの and は同一語を繰り返して反復、多数、徹底などを表す。

■ **wear out**
ここでの wear は衣服などが着用や使用、摩擦などにより次第に「擦り減る」ことから、長く続いたために忍耐、怒り、不信感といったものが「消えてなくなる」を表す。

■ **gotta**
=(have) got to

■ **a drink**
I'll buy you a drink.(君に一杯おごるよ)のように drink だけの場合は、通例、酒を表す。

■ **the Daily Mirror**
新聞にありそうな名前。同名のもので有名なのは 1903 年 11 月 2 日に発刊のタブロイド新聞。

■ **lie in your bed**
lie に代わって stay でもよい。なお、「床につく、寝る」は go to bed。

■ **you're dead**
「君はおしまいだ」の意。ここでの dead は「死んだ」ではなく、「死んだも同然だ、一巻の終わりだ」ということ。

■ **you can't last**
直訳「あなたは続かない」から「身がもたない」となる。ここでの last は「続く、持ちこたえる」。

DON	: That's the worst. No liquor stores at all. And you guys wouldn't open a bar, not until one o'clock. Why? Why, Nat?	you guys 君たち, あんたたち ⊃
NAT	: Because we gotta go to church once in a while. That's why.	go to church 教会に行く ⊃ once in a while ときたま, ときおり ⊃
DON	: Yeah, when a guy needs it most.	
NAT	: What happened to those two quarts? You polish them off last night?	happen to... ～に起こる ⊃ quart クォート, 2パイント ⊃ polish off さっさと平らげる
DON	: What two quarts?	
NAT	: The two bottles you had.	
DON	: That's right, I did have two bottles, didn't I? I hid one of 'em. I've still got it. I'm a capitalist, Nat! I've got untapped reserves. I'm rich!	capitalist 資本家, 金持ち untapped 栓を抜かれていない, 飲み口を開けられていない reserve 蓄え, 貯蔵品 you'd kill yourself ⊃
NAT	: If you had enough money, you'd kill yourself in a month.	

Gloria enters the bar.

GLORIA	: Say, Nat, was there a gentleman here... (to Don) Hello, Mr. Birnam. Didn't you go away for the weekend?	say なあ, あのさ ⊃
DON	: Apparently not, Gloria.	apparently 見たところでは, どうやら
GLORIA	: Was there a gentleman here asking for me?	ask for... ～を求める, ～の消息を尋ねる
NAT	: Not to my knowledge there wasn't.	to one's knowledge 人の知る限りでは, 確か
GLORIA	: Well, he was supposed to come around eleven o'clock. He's from Albany.	be supposed to... ～することになっている ⊃ Albany オールバニー ⊃
DON	: Another friend of the folks?	
GLORIA	: More of a friend of a friend of the folks type. A fellow called me about him. Wants me to show him the town.	more of... むしろ～ ⊃ Wants ⊃
NAT	: Like Grant's Tomb for instance?	Grant's Tomb グラントの墓 ⊃ for instance 例えば but def 当然, 当たり前 ain't ⊃ amazing 驚くべき, びっくりするような
GLORIA	: But def.	
NAT	: Hey, ain't it amazing, how many guys come down from Albany just to see Grant's Tomb?	

58

ドン	: だとすれば最悪さ。酒屋はどこも開いていないからね。しかも君たちはバーを開けてくれない、1時まではさ。なぜ、どうしてだ、ナット？
ナット	: たまには教会に行かなきゃいけないからね。それが理由さ。
ドン	: ああ、人が一番必要なときに。
ナット	: あの2クォートはどうした？ 昨晩、平げちまったのか？
ドン	: 2クォートとは？
ナット	: あんたが持っていた2本のボトルだよ。
ドン	: そうだ、僕は確かに2本持っていたよな？ 1本を隠した。それがまだある。僕は資本家だ、ナット！ 開けてないやつがまだあった。僕は金持ちだ！
ナット	: あんたが金持ちだったら1か月で命を落とすことになるだろうよ。

グロリアがバーに入ってくる。

グロリア	: ねえ、ナット、ここに紳士が来なかった…（ドンに）こんにちは、バーナムさん。週末の旅行には出かけなかったの？
ドン	: ご覧の通り行かなかったさ、グロリア。
グロリア	: 紳士が私を尋ねてここへ来たかしら？
ナット	: 僕の知る限りでは、来なかったね。
グロリア	: まあ、11時ごろ来るはずだったのに。オールバニーの人よ。
ドン	: また家族の友人かい？
グロリア	: どちらかというと家族の友人の友人といったところね。ある人が、その人のことであたしに電話してきたの。彼に街を案内してやってほしいってね。
ナット	: 例えばグラントの墓のような所？
グロリア	: もちろんよ。
ナット	: なあ、多くの人がオールバニーからただグラントの墓を見るために来るなんて驚きじゃないか？

■ you guys
guyは「男、やつ」。guysとして「君たち、人々」の意。男性だけでなく、男女、また女性だけのグループに対しても用いられる。

■ go to church
教会に祈りに行く場合は冠詞をつけない。aとかtheをつけた場合は、遊びとか見物に行くことになる。

■ once in a while
= every once in a while; not often; not regularly; sometimes; occasionally

■ happen to...
ここでのhappenは事が人、物に「あいにく降りかかる」。すなわち、あまり良くないことが「起こる」の意味を表す。

■ quart
液量の単位でアメリカでは0.946ℓ、イギリスでは1.136ℓ。

■ you'd kill yourself
ここでは「自殺する」ことではなく、「大酒を飲み続けて、命を落とすことになるだろう」といったもの。

■ say
ここでは相手の注意を引く間投詞。

■ be supposed to...
否定文で「〜してはいけないことになっている」とする場合はYou are not supposed to smoke here.（ここは禁煙ですよ）のようにbe not supposed to。

■ Albany
ニューヨーク州東部、ハドソン川に臨む同州の州都。

■ more of...
He is more of a teacher than a scholar.（彼は学者というよりはむしろ教師だ）のように「（〜というよりは）むしろ〜だ」の意を表す。

■ Wants
文頭にHeが省略されたもの。

■ Grant's Tomb
Grantとは南北戦争時の北軍の将軍で、第18代大統領Ulysses Grant（1822 - 85）のこと。ハドソン川を臨むRiverside Parkにある彼の霊廟で、妻のJulia Dent Grant（1826 - 1902）の遺体と共に眠っている。

■ but def
ここのdefはdefinitely（確かに）の短縮形。

■ ain't
ここではisn'tのこと。この表現はare [is, have, has, do, does, did] notの短縮形で非標準用法。

GLORIA	: Sometimes I wish you came from Albany.	
DON	: Yeah? Where would you take me?	
GLORIA	: Lots of places. Music Hall, then the New Yorker Roof, maybe.	lots of... 多くの〜, いろんな〜 ◎
DON	: There is now being presented at a theatre on Forty-Fourth Street, the uncut version of Hamlet. Now, I see us as setting out for that. Do you know Hamlet?	uncut version ノーカット版 Hamlet ハムレット ◎ set out 出発する ◎
GLORIA	: I know Forty-fourth Street.	
DON	: I'd like to get your interpretation of Hamlet's character.	get 得る, 手に入れる interpretation 解釈, 考え方 character 性格, 気質
GLORIA	: I'd like to give it to you.	
DON	: Dinner later, I think. Nothing before. I want you to always see Shakespeare on an empty stomach.	on an empty stomach 空腹時に ◎

A MAN enters the bar.

GLORIA	: Not even a pretzel?	pretzel プレッツェル ◎
MAN	: Could I have a glass of water?	
NAT	: Why, sure. What'll it be for a chaser?	What'll it...chaser ◎
MAN	: This is Nat's Bar, isn't it?	
NAT	: That's what the man said.	
MAN	: I'm looking for a young lady, name of Gloria.	

Nat points his thumb to Gloria.   thumb 親指 ◎

MAN	: Are you Miss Gloria?	
GLORIA	: Who, me? No, I'm not. I just live with Gloria. She's not here.	
MAN	: She isn't?	
GLORIA	: No, she's sick. She went to the hospital. Ruptured appendix. Middle of last night. Went like that! Pfft! It scared the life out of me.	ruptured appendix 虫垂破裂 ◎ Middle of... ◎ Went like that ◎ pfft プシュッ, プスッ ◎ scare the life...a person 人を縮み上がらせる ◎
MAN	: Oh, that's terrible.	

グロリア	:	あたし、時々あなたもオールバニーの人だったらいいと思うわ。
ドン	:	そうかい？　どこを案内してくれる？
グロリア	:	あちこちよ。ミュージックホール、それからニューヨーカールーフも、たぶん。
ドン	:	今44番街の劇場で『ハムレット』のノーカット版が上演されている。さて、2人でそれを観に行く様子が見えるが。『ハムレット』は知ってるかな？
グロリア	:	44番街は知ってるわ。
ドン	:	ハムレットの人物像について君の意見を聞かせてもらいたいな。
グロリア	:	それ、聞かせてあげたいわ。
ドン	:	夕食は後がいいな。芝居前は何も食べないでおこう。いつも空腹な状態でシェークスピアを観てもらいたいからね。

男がバーに入ってくる。

グロリア	:	プレッツェルもだめ？
男	:	水を一杯いただけますか？
ナット	:	ええ、もちろん。酒は何にしますか？
男	:	ここはナットのバーですよね？
ナット	:	そういうこと。
男	:	グロリアという名の若い女性を探しているのだが。

ナットは親指でグロリアを指差す。

男	:	あなたがミス・グロリアですか？
グロリア	:	誰、あたし？　いいえ、違うわ。あたしはただグロリアと一緒に住んでる者よ。彼女、ここには来てないわ。
男	:	来ていない？
グロリア	:	ええ、病気なんです。入院したわ。虫垂が破裂したの。昨日の真夜中に。こんな具合に！　ポンっと！　あたし、度肝を抜かれたわよ。
男	:	おや、それは大変だ。

■ lots of...
= a lot of; many

■ Hamlet
英国の劇作家、詩人ウィリアム・シェークスピアが1601年に発表した四大悲劇の1つ。

■ set out
ここでの set は仕事などに「取りかかる、始める」の意で、They set out for home. (彼らは家路についた)のように、方向の副詞(句)を伴って「動き出す、出発する」を意味して使われる。

■ on an empty stomach
stomach は「胃」。そこで「胃が弱い」は have a weak stomach、「胃が丈夫である」は have a strong stomach、「胃にもたれる」は lie heavy on one's stomach、「胃がムカムカする」は be sick in the stomach、「満腹時に」は on a full stomach。
ex. Don't drink on an empty stomach. (空腹時には酒を飲むな)

■ pretzel
棒状またはひもで結んだ形の固い塩味のビスケット、クラッカー。

■ What'll it be for a chaser?
「酒は何にしますか？、あとは何にしますか？」の意で、chaser とは非アルコール性飲料の後に飲むアルコール飲料のこと。

■ thumb
「人差し指」は forefinger, first finger、「中指」は middle/second finger、「薬指」は ring/third finger、「小指」は little/fourth finger。

■ ruptured appendix
虫垂とは盲腸の後内側壁から突出する指状部。rupture は「破裂する」の意。

■ Middle of...
文頭の In the が省略されたもの。

■ Went like that!
文頭の It が省略されたもの。like that はジェスチャーで示しながら「こんな具合にね」といった意味を表す。that に代わって this とか so も使われる。

■ pfft
消える、なくなる様子を示す間投詞。

■ scare the life out of a person
life に代わって hell, shit, the living shit なども使われる。ただし、これらは卑俗な表現になるので注意。

| GLORIA | : Goodbye. |
| MAN | : Goodbye. |

The man starts to leave, but stops and turns back.

MAN	: Could I have a word with you?
GLORIA	: No thanks. Thanks a lot, but no thanks.
MAN	: Oh. You're welcome, I'm sure.
GLORIA	: Don't mensch.

As the man walks toward the door, Nat holds out a glass of water. The man shakes his head and walks off. Don holds up his empty glass.

DON	: Nat!
NAT	: Comin'.
DON	: Now, Gloria. Wasn't that rather rude to send that nice man all alone to Grant's Tomb?
GLORIA	: When I've got a chance to go out with you? Don't be ridic.
DON	: Oh, is our engagement definite?
GLORIA	: You meant it, didn't you?
DON	: Oh. Surely, surely.
GLORIA	: Well, I've gotta get a facial, a fingerwave, the works. Right now. You're gonna call for me, aren't you? And, if so, what time?
DON	: What time do you suggest?
GLORIA	: How's eight?
DON	: Eight's fine.
GLORIA	: I live right in the corner house. You know where the antique shop is, the one with the wooden Indian outside? They got the Indian sign on me, I always say.
DON	: I'll be there.
GLORIA	: Second floor, front. Oh, Mr. Birnam, all I got is a semi-formal. Will that be all right?

グロリア	：	さようなら。
男	：	さようなら。

男は店を出ていこうとするが、立ち止まり、戻る。

男	：	あなたとちょっとお話をしたいのですが？
グロリア	：	結構。ほんと、ありがたいけど、でも結構よ。
男	：	ああ、またどうぞ、ほんと。
グロリア	：	どういたしまして。

男がドアに向かって歩くとき、ナットはグラス一杯の水を差し出す。男は首を横に振り歩き去る。ドンは空のグラスを持ち上げる。

ドン	：	ナット！
ナット	：	ただいま。
ドン	：	さて、グロリア。あんなに良い人を独りきりでグラントの墓へ行かせるなんて少しひどくないか？
グロリア	：	あなたとデートができそうだというのに？　ばか言わないでよ。
ドン	：	ああ、では僕たちの約束は確定か？
グロリア	：	あなたは本気よね、でしょ？
ドン	：	ああ、もちろん、もちろん。
グロリア	：	じゃあ、あたし、美顔マッサージやらフィンガーウェーブやら、あれこれやらなくちゃ。今すぐに。迎えに来てくれるでしょう、ね？　でさ、だとすれば、何時？
ドン	：	何時がいいかな？
グロリア	：	8時はどう？
ドン	：	8時でいいよ。
グロリア	：	あたし、すぐ角の家に住んでるの。外にインディアンの木彫りが置いてあるアンティークの店知っているでしょう？　私にはインディアンの看板がついている、っていつも言うのよ。
ドン	：	行くよ。
グロリア	：	2階の手前の部屋よ。ああ、そう、バーナムさん、あたし、セミフォーマルの服しか持っていないけど、それで大丈夫かしら？

■ have a word with...
ここでの word は I'd like a word with you.(君とちょっと話したい)のように a word として「短い会話、ちょっとした話、立ち話」の意を表す。

■ You're welcome.
「どういたしまして」
Thank you などの謝辞に対して There is no need to thank me の意味で使われる決まり文句。ただし、ここでは「そのうちどうぞ」ほどの意味合いで使われたもの。

■ Don't mensch.
「どういたしまして、それには及びません」
Don't mention it のことで、mensch は mention の縮約形。なお、Don't mention it は相手の弁解や感謝などに対して上記ほどの意味で用いられる決まり文句。

■ shake one's head
不賛成、否定などの意思表示として首を振ること。なお賛成、肯定の意思表示として首を縦に振ることは nod one's head とする。

■ Comin'.
「ただいま、今すぐ伺います」
I'm coming のこと。呼ばれたときや注文を受けた際などに「すぐ参ります」の意で使われる決まり文句。

■ go out
異性との関係で使われる場合は I went out with her last night.(昨夜、彼女とデートしたよ)のように「デートする」、have a date with... の意味で使われる。

■ You meant it
「それ本気でしょ、本気で言ったんでしょ」の意で、ここでの mean は「本気で言う」の意。
ex. I mean it (本気だよ)

■ fingerwave
ローション水で濡らした髪を指で押さえて作るウェーブ。

■ antique shop
curio store ともする。「骨董商」は an antique dealer, a curio dealer。

■ They got the Indian sign on me
直訳「彼らは私にインディアンの印をつけている」とは「私の家にはインディアンの看板がつけられている、インディアンの看板が私の家の目印よ」となる。

■ semi-formal
かつて芝居、オペラ、音楽会、一流ホテルなどではしばしば正装が求められたことから、このセリフがある。

DON	: That'll be fine.	
GLORIA	: So long, Nat.	

Gloria leaves.

DON	: Last one, Nat. Pour it softly, pour it gently, and pour it to the brim.	to the brim 縁まで、並々と
NAT	: Look, Mr. Birnam, there're a lot of bars on Third Avenue. Do me a favor, will ya, get out of here and buy it somewhere else.	Do me a favor ❺
DON	: What's the matter?	What's the matter ❺
NAT	: I don't like you much. What was the idea of pulling her leg? You know you're not going to take her out.	what was the idea どういうつもりだ pull a person's leg 人をからかう、かつぐ
DON	: Who says I'm not?	
NAT	: I say so. You're drunk and you're just making with your mouth.	
DON	: Give me a drink.	
NAT	: And that other dame...the lady I mean. I don't like what you're doing to her either.	dame 女、女性 ❺
DON	: Oh, shut up.	shut up 黙れ、うるさい
NAT	: You should've seen her come in here last night. Lookin' for you with her eyes all rainy and her mascara all washed away.	You should've seen... ❺ with her eyes all rainy 目に涙を溜めて ❺ mascara マスカラ wash away 押し流される
DON	: Give me a drink!	
NAT	: That's an awful high class young lady.	high class 洗練された、上流階級の
DON	: You bet she is.	
NAT	: How the heck did she ever get mixed up with a guy who sops it up like you do?	the heck 一体全体 ❺ get mixed up with... ～と関わり合いになる ❺ sop it up 大酒を飲む、飲んだくれる ❺
DON	: That's the problem, isn't it? That nice young man who drinks, and the high-class young lady, and how did she ever get mixed up with him, and why does he drink and why doesn't he stop? That's my novel, Nat. I wanted to start writing it out in the country. Morbid stuff. Nothing for the Book-of-the-Month Club. A horror story.	start writing it out ❺ write out 完全に書く ❺ morbid 病的な、憂鬱な Book-of-the-Month Club ブック・オブ・ザ・マンス・クラブ ❺ horror story 恐怖小説

ドン	:	それで結構だ。
グロリア	:	じゃあね、ナット。

グロリアは立ち去る。

ドン	:	最後の一杯だ、ナット。そっと注いでくれ、ゆっくり注いでくれ。そして、並々と注いでくれ。
ナット	:	いいかい、バーナムさん、3番街にはたくさんバーがあるじゃないか。頼むから、ここから出ていって、どこかほかで飲んでくれ。
ドン	:	どうしたんだ？
ナット	:	あんたのことがあんまり好きじゃないのさ。彼女をかつぐとはどういうつもりなんだ？　彼女とデートをする気もないくせに。
ドン	:	誰がそう言った？
ナット	:	俺だよ。あんたは酔っ払っているから出まかせを言っているだけさ。
ドン	:	酒をくれ。
ナット	:	それにもう1人の女性…ご婦人のことだが。あの人に対するあんたのやり方も気に入らないね。
ドン	:	おい、黙れ。
ナット	:	昨夜、ここに来たときの彼女の様子を見せてやりたかったよ。涙でマスカラがすっかり流れた顔であんたを探していたんだぜ。
ドン	:	酒をくれ！
ナット	:	あの人はかなり上流の若いご婦人だろう。
ドン	:	そうだとも。
ナット	:	一体全体どうやって、あの人は酒びたりのあんたと関わることになったのかね？
ドン	:	それが問題さ、だろ？　酒飲みの若い良い男と上流の若い女性、そして彼女がいかにして彼と付き合うことになったのか、またどうして彼は酒を飲み、なぜやめられないかってね？　それが僕の小説さ、ナット。田舎で書き始めたかったがね。ぞっとする話だよ。月間最優秀作品になんてとてもならない、恐ろしい物語さ。

■ Do me a favor
favor とは「親切な行為」。そこから人に頼み事をする際に、この話を使って Can I ask a favor of you?（あなたにお願いがあるんだけど？）とか I have a favor to ask of you.（あなたに頼み事があるのですが）などのように使われる。

■ What's the matter?
「どうしたんだ？」
What's the matter with you? のこと。Is there something wrong with you? とか、Are you ill? などの意味で、相手の様子を尋ねる決まり文句。

■ dame
かつては身分のある婦人に対する尊敬だったが、今日のアメリカ、カナダでは俗語で「女」の意味を表す。時として不快と見なされる。すぐ後で lady と言い換えたのはそのためである。

■ You should've seen...
直訳「あんたは～を見るべきだった」から「あんたに～を見せてやりたかった」とする。

■ with her eyes all rainy
rainy の「雨の、雨に濡れた」から「目に涙を溜めて、泣き腫らして」ほどの意になる。

■ the heck
驚きや怒りを強調したり、疑問詞と共に用いて語調を強めるやや荒っぽい表現。heck は hell の婉曲語。

■ get mixed up with...
人間関係に用いた場合は好ましくない人と関わり合いになるとか、男女関係になる、といった意味合い。

■ sop it up
sop は液体などを「吸い取る」の意。ここでは酒をガブ飲みする、といったところ。

■ start writing it out
「S + start doing」の型で「S は～し始める、～しかける」の意を表す。start to do と類似しているが、start doing が行為の開始を表し、その行為が引き続き継続されることを暗示するのに対して、start to do は行為の開始を表すのではなく、その前段階に焦点が当てられた構文である。

■ write out
十分に書く、あるいは詳述する、といったニュアンス。

■ Book-of-the-Month Club
アメリカ最大の書籍の通信販売組織。ただし、ここでは「月間の推薦作品、優秀作品」といったところ。

DON : The confessions of a booze addict, the logbook of an alcoholic. Oh, come on, Nat, break down, will ya?

confession　告白
booze　酒, アルコール飲料
addict　常用者, 中毒者
logbook　日誌, 生活記録
break down　壊す ⊕

Don holds up his glass. Nat fills it for him.

DON : Do you know what I'm going to call my novel? The Bottle...that's all. Very simply, The Bottle. I've got it all here in my mind. Let me tell you the first chapter. It all starts one wet afternoon about three years ago. There was a matinee of La Traviata at the Metropolitan.

wet afternoon　雨の午後 ⊕
matinee　マチネー ⊕
La Traviate　椿姫 ⊕
the Metropolitan ⊕

禁酒法について

　禁酒法（Prohibition）は、アルコール飲料の製造や販売を禁止するアメリカ合衆国憲法修正第18条と、この修正条項の施行を規定する法律であるヴォルステッド禁酒法の2つを合わせて指すことが多い。

　もともとピューリタンの影響が強いアメリカでは、植民地時代から度数の高いアルコールを不法なものとして扱っていたが、禁酒運動が盛んになったのは19世紀である。1851年にメイン州でアメリカ初となる禁酒法が可決されると、その後禁酒運動は南北戦争で一時的に沈静化するものの、19世紀後半に設立した禁酒党（Prohibition Party）や全国婦人キリスト教禁酒同盟（Woman's Christian Temperance Union）によって復活し、反酒場連盟（American Anti Saloon League）によって勢いを増す。反酒場連盟は、フォードやロックフェラーといった大物の財界人たちを味方につけ、選挙を通じて勢力を拡大し、その結果、議会での禁酒派が多数を占めるようになり、19の州で禁酒法が成立する。このような禁酒運動の圧力の下で、憲法修正第18条は1917年に議会を通過し、1919年1月に成立、1年後の1920年1月施

The Lost Weekend

ドン　　：アル中の告白、アルコール中毒患者の日誌さ。
　　　　さあ、早く、ナット、酒をくれ、なあ？

ドンはグラスを持ち上げ、ナットは彼のためにそれに酒を注ぐ。

ドン　　：僕がこの小説にどういうタイトルをつけると思う？『酒ビン』…それだけさ。ただ単に『酒ビン』。僕のこの頭の中ではもう話ができている。第1章を教えてやろう。約3年前の雨が降るある午後、そいつは始まるのさ。メトロポリタン劇場で『椿姫』のマチネーがあった。

■ break down
この表現の基本的意味は「壊す」。ここから、そのかたくなな態度を壊す、すなわち「もっと優しくなって私に酒を注いでくれ」ということ。

■ wet afternoon
ここでの wet は「濡れた」から「雨の降る」となる。

■ matinee
芝居、音楽会などの昼間の興業。

■ La Traviate
イタリアのオペラ作曲家ベルディ (1813 - 1901) 作曲のオペラ。3幕4場の悲歌劇で、台本はフランスの小説家、劇作家アレクサンドル・デュマ (Alexandre Dumas, 1802 - 70) の小説から F. ピアベが作成。初演は1853年ベネチア。

■ the Metropolitan
the Metropolitan Opera House のこと。

行され、0.5% 以上のアルコールを含むものは規制の対象となった。

　しかしこの条項は、アルコールの製造、販売、運搬を禁止するものだが、飲酒を取り締まるものではなかったため、施行前には富裕層が大量の酒類を買い占め、施行後は、多くのアメリカ人が合法的に製造や販売が認められているカナダから大量に酒を購入した。また、多くのもぐり酒場が繁盛し、アル・カポネのようなギャングがシカゴを拠点に違法なアルコールの売り上げによって大金を稼ぎ、それに伴う犯罪の増加という問題も浮上する。

　その後、1929年に始まる大恐慌がきっかけとなり、都市部を中心に禁酒法に対する反感が増していく。1932年の大統領選挙では、禁酒法が争点となり、当時、禁酒法の改正を訴えていたルーズヴェルトが勝利する。彼は、1933年にヴォルステッド法のカレン＝ハリソン修正案に署名し、アルコール飲料の製造、販売は許可され、1933年憲法修正第18条は憲法修正第21条によって廃止となる。

　　　　　　　　　　　　石垣　弥麻（法政大学兼任講師）

4

The Leopard Coat

INT. METROPOLITAN THEATER - DAY - *A crowd files through the lobby to the theater. When Don takes off his coat, he notices the bottle in his jacket pocket. He switches it to the coat pocket as ATTENDANT 1 comes around collecting coats. He takes Don's coat and hat.*

ATTENDANT 1: Take your hat for you, sir?

In the theater, Don sits and watches the performance, but the actors and actresses having drinks on stage stir his craving for alcohol. He becomes restless and perspires. The actors and actresses on stage appear to Don as a line of empty coats with a bottle of rye in the pocket. At the end of the scene when everyone else applauds, Don takes out his cloak check and leaves his seat. He goes to the check room and puts his check in front of ATTENDANT 2.

ATTENDANT 2: Did you forget something?
DON : No. Just going home, if it's all right with you.

The attendant goes to look for Don's coat. He comes back with a leopard coat and umbrella.

ATTENDANT 2: Say, this isn't yours, is it?
DON : It certainly isn't.
ATTENDANT 2: That's what it says though... Four seventeen.
DON : I don't care what it says.
ATTENDANT 2: The checks must have gotten mixed up.
DON : Maybe they did. Find me my coat. It's a plain man's raincoat and a derby.
ATTENDANT 2: Are you kidding? Do you know how many plain men's raincoats we have on a day like this? About a thousand.

ヒョウの毛皮のコート

TIME 00:29:25

屋内-メトロポリタン劇場-昼-群衆が列を成してロビーを通り、劇場へと進む。ドンはコートを脱ぐと、ジャケットのポケットに酒ビンが入っているのに気づく。それをコートのポケットに入れ替えると、係員1がコートを集めに来る。彼はドンのコートと帽子を受け取る。

係員1 ： 帽子をお預かりしましょうか、お客様？

劇場でドンは座って上演を観ているが、男優や女優たちが舞台で酒を飲む様子を見て、彼の酒に対する欲望が刺激される。彼は落ち着かなくなり汗が出る。舞台の男優や女優たちがドンには、ポケットにライ・ウイスキーのビンが入った、一列に並んだ空のコートのように見える。一場が終わり、ほかのみんなが拍手をし始めると、ドンはクロークの預かり札を取り出し席を立つ。彼はクロークへ行き、係員2の前に預かり札を置く。

係員2 ： 何かお忘れですか？
ドン ： いいや。ただ帰るだけだ、差し支えなければね。

係員はドンのコートを探しに行く。彼はヒョウの毛皮のコートと傘を持って戻ってくる。

係員2 ： さて、これはお客様のではないですよね？
ドン ： もちろん違うさ。
係員2 ： でもそうなっていますが…417番。

ドン ： どうなっていようと構わん。
係員2 ： 預かり札が混ざったんですね。
ドン ： そうかもな。僕のコートを探してくれ。無地の男性用レインコートと山高帽だ。
係員2 ： ご冗談でしょう？　このような雨の日にどれだけ無地の男性用レインコートをお預かりするとお思いですか？　千着近くですよ。

■ take off
この表現は実に多くの意味を表すが、ここでは衣服、靴、眼鏡など身につけているものを「取る、脱ぐ、外す」の意。

■ stir
この語の基本的意味は、He stirred his tea with a spoon.（彼はスプーンで紅茶をかき回した）のように「かき回す、混ぜる」。ここから発展して人や心を「強く動かす」、感情を「引き起こす、駆り立てる」の意を表す。

■ crave for...
crave とは Nothing crave, nothing have.（何も求めなければ、何も手に入らない）という諺からもわかる通り to desire greatly の意。

■ restless
気持ちや心が落ち着かないこと、すなわち impatient の意を表す。

■ perspire
sweat と同じ意味だが、こちらの方が上品な語。

■ empty coat
ここでの empty は人が入っていない、すなわち「人が着ていない」ということ。

■ check
アメリカ、カナダで一時預かりの合札のことをいう。

■ four seventeen
four one seven と読んでもよい。なお、1732 のように4桁の場合は2桁ずつにして seventeen thirty-two とする。

■ I don't care...
無関心を表す表現。ここでの care は「気にする、構う」を意味し、通例、否定文、疑問文で使われる。

■ derby
derby hat のこと。山の部分が丸い紳士用のフェルト帽。

■ Are you kidding?
「冗談でしょ？、まさかそんな？」
You are kidding me, You must be kidding, You've got to be kidding などともする。

69

DON : Well, let me get back there. I can find it.

ATTENDANT 2 : Aah, no. Please, that's against regulations, sir.

DON : I am not gonna wait here until the end of the performance.

ATTENDANT 2 : Well, you can get your coat tomorrow.

DON : Tomorrow?

ATTENDANT 2 : Yeah.

DON : Look, man, there's something in the pocket of that coat that I... Well, it so happens I find myself without any money and I need that coat. And I need it now!

ATTENDANT 2 : Listen, if everybody went digging in through those coats... There's regulations. There's got to be regulations.

DON : Then, what do you suggest?

ATTENDANT 2 : Wait till the other party arrives, then swap 'em.

DON : I want my coat.

ATTENDANT 2 : As far as I'm concerned, Mister, that's your coat.

The attendant sits down and reads his newspaper.

DON : You're a great help.

Don paces around in front of the desk holding the leopard coat and umbrella. Don turns to the attendant, but without looking, he wags his finger at him. Later, Don sits on the stairs spinning the umbrella. The crowd rushes down the stairs at the end of the performance and heads to the check room to collect their belongings. When everyone has gone, Helen stands holding Don's hat and coat. On the other side of the check room, Don looks around for anyone with his coat and hat. Don and Helen see each other.

DON : That's my coat you've got.

HELEN : And that's mine, thank heaven. They mixed up the checks.

---

against regulations 規則違反
man あんた, 君
it so happens
I find myself...any money
dig in through... 〜を掘り進む
other party 相手方
swap 交換する, 取り換える
As far as I'm concerned
You're a great help
pace around そわそわと行ったり来たりする
wag 振る, 振り動かす
spin 回転させる, ぐるぐる回す
belongings 所有物, 所持品
thank heaven ありがたいことに, やれやれ

ドン	:	じゃあ、僕をそこへ入れてくれ。自分で探そう。
係員2	:	ああ、だめ。お願いです、規則に違反しますから。
ドン	:	公演が終わるまでここで待つつもりはない。
係員2	:	では、明日コートを取りにいらしたらどうでしょう。
ドン	:	明日？
係員2	:	そう。
ドン	:	いいか、あんた、あのコートのポケットには何かが入っている、僕が…えっと、ちょうど一銭も金を持っていないことに気づいたので、あのコートが必要なんだ。しかも今、必要なんだよ！
係員2	:	いいですか、みんなが中へ入って各々のコートを探し出したら…規則があるんです。規則がなくてはならないんですよ。
ドン	:	ではどうしろと？
係員2	:	ほかの客が戻るのまで待って、それから交換してください。
ドン	:	僕のコートがいるんだ。
係員2	:	お客様、私の知る限りでは、それがあなたのコートです。

係員は座り新聞を読む。

ドン	:	大いに助かったよ。

ドンは受付の前を行ったり来たりする。手にはヒョウの毛皮のコートと傘を持っている。ドンは係員の方を振り返るが、彼の方は目もくれずドンに向かって指を振る。その後、ドンは階段に座り込み、傘をくるくる回す。上演後、観客は急いで階段を下りてきて、自分の持ち物を受け取るためクロークへと向かう。みんながいなくなった後、ヘレンがドンのコートと帽子を持って立っている。クロークの反対側では、ドンがあたりを見回し、自分のコートと帽子を持っている人を探す。ドンとヘレンは互いに目が合う。

ドン	:	君が持ってるそれは僕のコートだ。
ヘレン	:	そしてそれは私のです、よかった。係りが預かり札をごちゃ混ぜにしたんですね。

■ against regulations
ここでの against は規則などに「違反して、背いて」の意を表す前置詞。なお regulation は権威者によって与えられた公の規定のこと。
ex. We must observe our traffic regulations.（われわれは交通規則を守らなくてはならない）

■ man
男性に対する親しみを込めた呼びかけ、また男女を問わず呼びかけとして用いられる。

■ it so happens
it so happens that...（たまたま～である）のこと。

■ I find myself without any money
ここで の find は I found myself in a strange town.（気がついてみると私は全く知らない町にいた）のように気がついてみるとある場所とかある状態に「いる」の意味を表す。

■ dig in through...
ここでの dig は「丹念に調べる、深く調べる」。そこから、ここでは「～の中に探し回る」といった意味合い。

■ other party
ここでの party は a third party（第三者）といった具合に行動、計画などの「関係者、関わった人物」のこと。

■ As far as I'm concerned
「私に関する限り、私に関して言えば」の意。as far as...to be concerned の型で、通例、文頭に用いられる。なお so far as...to be concerned とすることも多い。

■ You're a great help
「君には大いに助かった」の意。皮肉で使われたもの。なお、ここでの help は「力添え、助け」のことで、You're of much help to me. としてもよい。

■ pace around
ここでの pace は落ち着かない様子でせかせかと行きつ戻りつすること、つまり to walk back and forth in a worried manner の意。

■ belongings
家、土地、金銭などは含まない。

■ thank heaven
thank God [goodness, heavens, fortune, Christ, the Lord, hell] とか God be thanked などともする。

DON	: They certainly did. I thought you'd never come.	
HELEN	: Well, you couldn't have waited so long.	
DON	: Only since the first aria of the first act. That's all.	aria アリア, 詠唱 ◎ act （劇）幕 ◎

They swap items.

item 品目, 種目

HELEN	: Do you always just drop in just for the overture?	drop in ちょっと立ち寄る, ひょっこり訪れる ◎ overture 序曲 ◎
DON	: Goodbye.	

Don starts to walk away.

HELEN	: Oh, oh. Just a minute!

Don stops and goes back to get his hat.

HELEN	: Oh, oh, my umbrella, if you don't mind.	if you don't mind ◎
DON	: Catch.	

Don tosses the umbrella to Helen, but it lands on the floor.

land 落ちる, 着地する ◎

HELEN	: Thank you very much.	Thank you very much ◎

Don walks back to Helen and picks up her umbrella.

DON	: I'm terribly sorry.	I'm terribly sorry ◎
HELEN	: You're the rudest person I've ever seen. What's the matter with you?	
DON	: Oh, just rude, I guess.	
HELEN	: Oh, really. Somebody should talk to your mother.	oh, really ほんとそうです, いかにも ◎
DON	: They've tried, Miss St. John.	

Don helps Helen put on her coat.

HELEN	: My name's not St. John.
DON	: Well, St. Joseph then.
HELEN	: St. James.

The Lost Weekend

ドン	：	確かにそうです。あなたが現れないかと思っていた。
ヘレン	：	あら、そんなに長くはお待ちにならなかったでしょ。
ドン	：	第1幕の第1アリアからだけだがね。それだけです。

2人は持ち物を取り替える。

ヘレン	：	あなたはいつも序曲だけを聞きにお寄りになるの？
ドン	：	さようなら。

ドンは立ち去ろうとする。

ヘレン	：	あらあら、ちょっと待って！

ドンは立ち止まり帽子を取りに戻る。

ヘレン	：	あらあら、すみませんが、私の傘を。
ドン	：	取って。

ドンはヘレンに向かって傘を投げるが、それは床に落ちる。

ヘレン	：	どうもありがとう。

ドンはヘレンの方へ歩いて戻り、彼女の傘を拾う。

ドン	：	本当にすみません。
ヘレン	：	あなたのように無礼な人は見たことないわ。一体どうしたの？
ドン	：	ああ、ただ無礼なだけでしょう。
ヘレン	：	ほんと、そう。誰かがあなたのお母様にお話しすべきだわね。
ドン	：	みんなやってみましたよ、セント・ジョンさん。

ドンはヘレンがコートを着るのを手伝う。

ヘレン	：	私の名前はセント・ヘレンじゃありません。
ドン	：	じゃあ、セント・ジョゼフ。
ヘレン	：	セント・ジェームズです。

■ aria
オペラ、オラトリオなどの中の抒情的な独唱歌曲。

■ act
芝居の演技の一段落、また芝居の段落を数える語。

■ drop in
He dropped in on her.（彼は彼女をちょっと訪ねた）とか He dropped in at her house.（彼は彼女の家にちょっと立ち寄った）のように to come for an unexpected, casual visit の意を表す。なお、drop in on の後には「人、パーティ」が、drop in at の後には「家、パーティ」がくる。

■ overture
オペラ、オラトリオなどの導入部分として作曲された管弦楽曲。

■ If you don't mind.
「よろしければ、差し支えなかったら」
相手に何かを依頼して「もしよろしければ」の意味で使われる決まり文句。なお、この表現は相手に注意を促して「ちょっとすみませんが（やめていただけますか）」の意でもよく使われる。

■ land
この話は to reach land のこと。そのため飛行機で We will be landing in five minutes.（あと5分で着陸いたします）と言えば、空港に「着陸する」ということになる。

■ Thank you very much
ここでは皮肉で使われたもの。

■ I'm terribly sorry.
「誠に申し訳ない」
自分の手落ちを認めて謝る際の最も一般的な表現、決まり文句。その他の謝罪の表現として Sorry, So sorry, I'm very/really/sincerely sorry, I apologize, My apologies, My sincere apologies, Please accept my apology, Please accept my heartfelt apology, I offer my most sincere apology などがある。

■ oh, really
驚き、疑い、非難、抗議などを表す間投詞。

DON	: First name Hilda or Helen, or Harriet, maybe?	Helen ヘレン ○
HELEN	: Helen.	
DON	: Alright, Helen.	

Attendant 2 wags his finger at Don as they leave.

DON	: I also know that you come from Toledo, Ohio.	come from... 〜の出身である ○ Toledo トレド ○ Ohio オハイオ ○
HELEN	: You do? How?	
DON	: Well, I've had three long acts to work you out from that coat of yours. Initials, labels... Alfred Spitzer, Fine Furs, Toledo, Ohio.	work out 解決する, うまくいく ○
HELEN	: Maybe I should have explored your coat.	explore 探検する, 調査する
DON	: But you didn't though.	
HELEN	: Didn't have time.	Didn't have time ○
DON	: Good. My name is Don Birnam.	
HELEN	: How do you do?	How do you do ○
DON	: Well, how do you like New York?	
HELEN	: Love it.	Love it ○
DON	: You intend to stay long?	You intend to... ○
HELEN	: Oh, sixty years, perhaps. I live here now. I have a job.	
DON	: Doing what?	
HELEN	: Time Magazine.	Time Magazine タイム誌 ○
DON	: Oh. Time Magazine? Then perhaps you could do something for me.	
HELEN	: Yes.	
DON	: Could you help me become Man of the Year?	Man of the Year 本年度の名士
HELEN	: Delighted. What do you do?	delighted 喜んで, いいですとも what do you do 何をしていますか, あなたのお仕事は ○ as a matter of fact 実際は, 実を言うと several いくつかの ○
DON	: Yes, what do I do? I'm a writer. I've just started a novel. As a matter of fact I've started several. But, I never seem to finish one.	

ドン	:	ファースト・ネームはヒルダかヘレン、それともハリエットかな、おそらく？
ヘレン	:	ヘレンです。
ドン	:	なるほど、ヘレンね。

係員2は彼らが出ていくとき、ドンに向かって指を振る。

ドン	:	僕はあなたがオハイオ州のトレド出身であることも知っているよ。
ヘレン	:	そうですか？　どうして？
ドン	:	その、長い3幕があったから、あなたのコートからあなたのことを調べ上げたのさ。頭文字、ラベル…アルフレッド・スピッツァー、高級毛皮、トレド、オハイオ州。
ヘレン	:	たぶん私もあなたのコートを調査しておくべきでしたわ。
ドン	:	だけどあなたはしなかった。
ヘレン	:	時間がなかったから。
ドン	:	結構。僕の名前はドン・バーナムです。
ヘレン	:	はじめまして。
ドン	:	ところで、ニューヨークは気に入りましたか？
ヘレン	:	大好きです。
ドン	:	長く滞在するつもり？
ヘレン	:	そう、60年、おそらくね。今ここに住んでるんです。勤めてますの。
ドン	:	何をしてるんです？
ヘレン	:	タイム誌です。
ドン	:	へえ。タイム誌ですか？　じゃあ僕のために何かしてもらえますかね。
ヘレン	:	ええ。
ドン	:	僕が「本年度の名士」になるのに助力してくれますか？
ヘレン	:	喜んで。何をなさってるんですか？
ドン	:	ああ、僕の仕事は何かって？　僕は作家。ちょうど小説を書き始めたところです。実のところ、何篇か書き始めたんですが、しかし1つも完成しそうにないんだ。

■ Helen
1957年にアメリカ社会保障庁が作成した女性のファースト・ネームの統計によると、人数が多いベスト10中、Helenは3位。1965年には8位に入っている。つまり、この名前は過去においては女性の間で大変人気があったということである。ちなみにHelenとはギリシャ神話でZeusとLedaの間に生まれた美女のこと。Menelausの妻で、トロイのParisに誘拐されたのがもとでトロイ戦争が起こった。

■ come from...
「彼は東京出身です」のように出身を表現する場合 He is from Tokyo. と He comes from Tokyo. があるが、be from が一般的。なお、come from とする場合は現在形が用いられることに注意。

■ Toledo
オハイオ州北西部、エリー湖に臨む港市。英語読みはトリードだが、日本語読みはトレド。

■ Ohio
アメリカ北東部の州で、州都はコロンバス。

■ work out
work out は多くの意味を表すが、ここでは問題、事柄、意味、性格、本性などを「解決する、解く、見極める」を意味する。

■ Didn't have time
文頭にIが省略されたもの。

■ How do you do?
「はじめまして」
初対面のときに交わす形式的なあいさつ。ただし、「おはよう、こんにちは、こんばんは」やHow are you?（いかがですか？）の意味で使われることもある。

■ Love it
文頭のIが省略。

■ You intend to...
文頭のDoが省略。intend to... は「～するつもりである、～しようと思う」の意。

■ Time Magazine
架空の雑誌だが、類似したものに、著名な週刊ニュース雑誌 Time がある。

■ what do you do?
What do you do for a living? のこと。What is your occupation?、What kind of work do you do?、What's your line? などともする。なお、What are you? は少々失礼な聞き方なので、遠慮のいらない間柄以外には使わない方が無難である。

■ several
ここでは several novels のこと。

HELEN	: Well, in that case, why don't you write short stories?	in that case もしそうなら、そうなると ◑
DON	: Well, I have some of those. First paragraph. Then there's one-half of the opening scene of a play which takes place in the Leaning Tower of Pisa. It tempts to explain why it leans. And why all sensible buildings should lean.	paragraph 節, 段落 one-half 2分の1, 半分 opening scene 第1幕 take place 行われる ◑ Leaning Tower of Pisa ピサの斜塔 tempt あえて試す, 挑む explain 説明する, 明らかにする sensible 分別のある, 気の利いた
HELEN	: They'll love that in Toledo.	
DON	: Oh, by the way, are you coming to hear Lohengrin next week?	by the way ところで, 話の途中だが ◑ Lohengrin ローエングリーン ◑
HELEN	: I don't know.	
DON	: Because if you are, I'm not going to let this coat out of my hands.	
HELEN	: Don't worry.	
DON	: Oh, but I do. You know, to be really safe, we should go together.	
HELEN	: We could.	
DON	: Are you in the phone book?	phone book 電話帳 ◑
HELEN	: Yes, but I'm not home very much.	
DON	: Well, I'll call you at your office.	
HELEN	: Editorial Research. If Henry Luce answers, hang up.	Editorial Research 編集調査部 Henry Luce ヘンリー・ルース ◑ hang up 電話を切る
DON	: All right.	

EXT. THEATER - NIGHT - Don and Helen walk out of the theater.

DON	: Would you like a taxi?	
HELEN	: No, thanks. I'm taking the subway.	take the subway 地下鉄に乗る ◑
DON	: Oh, very sensible.	
HELEN	: As a matter of fact, I'm going to an extremely crazy party on Washington Square. If you'll like, I'll take you along.	extremely 極度に, ものすごく Washington Square ワシントン広場 take you along あなたを連れていく ◑
DON	: Oh. Thank you very much, Miss St. James, but I have to see a friend uptown.	uptown 山の手の, 住宅地区に住む ◑
HELEN	: Oh. Goodbye, Mr. Birnam.	
DON	: Goodbye.	

The Lost Weekend

ヘレン	:	まあ、その場合には、短編を書いたらどうかしら？
ドン	:	ああ、それらはいくつかある。最初のパラグラフが。それからピサの斜塔で起こる劇の最初の場面の半分がね。塔がなぜ傾いているのかを説明しようとしているところだ。そして、なぜすべての気の利いた建物は傾くべきかをね。
ヘレン	:	それ、トレドでは受けるわよ。
ドン	:	そうだ、ところで来週、ローエングリーンを聞きに来ますか？
ヘレン	:	わからない。
ドン	:	というのも、もしそのつもりなら、僕はこのコートを手から離さないつもりさ。
ヘレン	:	ご心配なく。
ドン	:	ああ、でも僕は心配だ。ほら、本当に安全でいるためには、僕たち、一緒に行くべきだ。
ヘレン	:	行けるわ。
ドン	:	君は電話帳に載っているかい？
ヘレン	:	ええ、でも家にはあまりいないの。
ドン	:	じゃあ、オフィスに電話するよ。
ヘレン	:	編集調査部。もしヘンリー・ルースが出たら切って。
ドン	:	わかった。

屋外 – 劇場 – 夜 – ドンとヘレンは劇場から歩いて出ていく。

ドン	:	タクシーはどう？
ヘレン	:	いえ、ありがとう。地下鉄に乗るわ。
ドン	:	ああ、それは賢明だ。
ヘレン	:	実を言うと、これからワシントン広場の極めて風変わりなパーティに行くところなの。もしよければ、お連れしますが。
ドン	:	おや、それはありがとう、セント・ジェームズさん、だが山の手の友人に会わなきゃならないんだ。
ヘレン	:	そう。さようなら、バーナムさん。
ドン	:	さようなら。

■ in that case
ここでの case は「場合、事例」のこと。「この場合には」は in this case、「そのような場合には」は in such cases、「ときには」は in some cases、「たいていは」は in most cases.

■ take place
The party will take place after the graduation exercises.（パーティは卒業式の後で開かれます）のように出来事、あるいは事故などについて使われる。

■ Leaning Tower of Pisa
イタリアのピサにある大聖堂の鐘楼で、1173 年に起工。高さは約 50 メートル、直径 17 メートルの 8 層の円塔。建設中に地盤がゆるんだため徐々に傾斜した。

■ by the way
通例、文頭で as something else that I think of の意を表して使われる。by the bye ともする。

■ Lohengrin
ドイツの伝説で、聖杯を守る神秘の騎士ローエングリーンを題材としたワグナー（Richard Wagner, 1813 - 83）作の歌劇。作曲は 1846 - 48 年、初演は 1850 年。

■ phone book
telephone directory ともする。なお、電話帳には「個人別電話帳」the General Directory,（通称）the White Pages と「職業別電話帳」the Classified Directory,（通称）the Yellow Pages がある。

■ Henry Luce
Time (1923)、Fortune (1930)、Life (1936) の創刊者。ここでは my boss の意で使われたもの。

■ take the subway
この場合、通例、a subway とは言わない。なお、列車、電車、タクシー、飛行機などに乗っていく場合は一般的に take を使う。交通手段を強調すれば go by subway, come by taxi のように by... が使われる。

■ Washington Square
ニューヨークの Greenwich Village の中心をなす長方形の広場。

■ take you along
ここでの along は I'll go along with you.（君と行くよ→ご一緒しましょう）のように「一緒に、連れ立って」の意を表す副詞。

■ uptown
反対に「繁華街」「都心」は downtown.

Helen walks off. Don swings up his coat, but the bottle of rye falls out and smashes on the sidewalk. Helen stops and turns around.

HELEN	: Who threw that?
DON	: It fell out of my pocket.
HELEN	: Do you always carry those things?
DON	: Well, no. You see...that friend of mine, the one uptown, he has a slight cold and I thought I'd take this along and make him a hot toddy.
HELEN	: Well, see that he gets a hot lemonade and some aspirin.
DON	: I shall.
HELEN	: Goodbye.
DON	: Bye.

Helen walks off again.

DON	: Oh, Miss St. James!
HELEN	: Yes?
DON	: What kind of a party was that you asked me to?
HELEN	: A cocktail party.
DON	: Invitation still stand?
HELEN	: Of course. Come on.

Don joins Helen under her umbrella.

---

swing up 振り上げる
smash 粉砕する, 砕け散る

fall out of... ～から落ちる
carry 持ち歩く

slight 少しの, わずかの

toddy トディ

see that... ～するように気をつける, 取り計らう
aspirin アスピリン

cocktail カクテル

invitation 招待
stand 有効である, 効力を保持している

ヘレンは歩き去る。ドンはコートをさっと上に持ち上げるが、ライ・ウイスキーのビンが落ちて歩道の上で割れる。ヘレンは立ち止まり、振り向く。

ヘレン ： それ、誰が投げたの？
ドン ： 僕のポケットから落ちたんだ。
ヘレン ： いつもそういうものを持ち歩いているわけ？
ドン ： ああ、いや。ほら…山の手の例の僕の友人だが、彼が風邪気味でね、これを持っていって、彼に温かいトディを作ってやろうと思ったもんだから。
ヘレン ： じゃあ、お友達に温かいレモネードとアスピリンを少し飲ませてあげて。
ドン ： そうしよう。
ヘレン ： さようなら。
ドン ： さようなら。

ヘレンは再び歩き去る。

ドン ： ねえ、セント・ジェームズさん！
ヘレン ： 何？
ドン ： 君が私を誘ってくれたパーティって、どんなやつだい？
ヘレン ： カクテルパーティよ。
ドン ： そのご招待はまだ有効かな？
ヘレン ： もちろん。いらっしゃい。

ドンはヘレンの傘の下に入る。

■ **swing up**
swing は He swung around the bat above his head.(彼は頭上でバットを振り回した)のように、方向の副詞(句)を伴って「振り回す」との意。

■ **fall out of...**
fall は人や物が高い所から「落ちる」の意。
ex. He fell downstairs.(彼は階段から落ちた)

■ **carry**
ここでは「運ぶ」ではなく、「身につけている、携帯する」の意を表す。
ex. I always carry my driver's license.(私はいつも運転免許証を携帯しています)

■ **toddy**
ウイスキー、ラム、ブランデーなどに水か湯を加えた飲み物。砂糖、時にはシナモン、ナツメグなどを加える。

■ **see that...**
see to it that... ともする。後者の方が堅い表現。

■ **aspirin**
アセチルサリチル酸の薬品名。解熱、鎮痛および抗炎症剤。元ドイツ語商標名。

■ **cocktail**
ジン、ウイスキー、ブランデーなどにベルモット、フルーツジュース、香料などを加え、シェイクして作るアメリカから始まった混合酒。

■ **stand**
ここでの stand は The agreement still stands.(その協定はまだ有効である)のように法律などに用いて「効力を保持している」の意を表す。この場合の進行形は不可。

Her Rival

INT. NAT'S BAR - DAY - Don sits at the bar with a drink, listening to Nat.

NAT : Okay. So they go to that cocktail party and he gets stinko and falls flat on his face.

DON : He does not. By this time, he's crazy about the girl. He drinks tomato juice. Doesn't touch liquor for that whole week...for two weeks, for six weeks.

NAT : In love, huh?

DON : That's what's gonna be so hard to write. Love is the hardest thing in the world to write about. It's so simple. You've gotta catch it through details, like the early morning sunlight hitting the gray tin of the rainspout in front of her house. The ringing of a telephone that sounds like Beethoven's Pastoral. A letter scribbled on her office stationery that you carry in your pocket because it smells of all the lilacs in Ohio. Pour it, Nat! He thinks he's cured. If he could only get a job now, they could be married and that's that. But it's not, Nat. Not quite. Because one day, one terrible day.

Nat pours Don another drink.

NAT : Yeah? Go on.

DON : You see, this girl's been writing to her people in Toledo. They want to meet the young man.

彼女のライバル

TIME　00:37:55
□□□□□□

屋内－ナットのバー－昼－ドンは酒を持って、ナットの話を聞きながらバーに座っている。

ナット　　：わかった。それで2人はそのカクテルパーティに行き、男は酔ってうつ伏せに倒れるというわけか。

ドン　　：そうじゃない。この時までには、男はその女性に夢中になっている。男はトマトジュースを飲む。その週はずっと一滴も酒を飲まない…2週間、6週間。

ナット　　：恋している、か？

ドン　　：そこが書くのにとても苦労するところさ。恋は書くのが最も難しい。それはとても単純だ。彼女の家の前の雨に濡れた灰色のブリキの縦桶に当たる早朝の陽の光のように、細かい描写で表さなければならない。ベートーベンの田園のように響く電話の鳴る音。オハイオ中のライラックを集めた香りがするので、ポケットに入れて持ち歩くオフィスの便箋に走り書きした手紙。注いでくれ、ナット！　男は、自分は治ったと思う。今、仕事さえ手に入れば2人は結婚でき、めでたし、めでたし。だが、そうはいかない、ナット。完全にそうなったというわけではない。なぜなら、ある日、ある恐ろしい日のことだ。

ナットはドンにもう一杯、注ぐ。

ナット　　：それで？　続けてくれ。

ドン　　：ほら、この女性はトレドの両親に手紙を書いていた。両親は青年に会いたいと思う。

■ **get stinko**
stinkoは俗語でdrunkの意。一般的にはget drunkより堅い表現を使えばbecome intoxicatedとなる。

■ **falls flat on his face**
「あおむけに倒れる」はfall back, fall on one's back、「頭から倒れる」はfall on one's head、「失神して倒れる」はfall down senseless。なお、ここでのflatは「全く、完全に」の意。

■ **be crazy about...**
ここでのcrazyは「気が狂った」ではなく、愛情、喜び、怒りなどの感情で「気も狂わんばかりになる」、すなわち、ここでは「夢中になった、熱中した」の意。

■ **In love**
He is in love with her.のこと。なおbe in love withは「～に恋している、～にほれている」ということ。「恋に落ちる」という動作を表現するときはHe fell in love with her.（彼は彼女に恋してしまった）のようにfall in loveとする。

■ **catch it through details**
直訳「それを詳細に捉える」とは「それを細かい描写で表す」ということ。なお、ここでのcatchは性格、雰囲気などを「正確に再現する、描く」の意。

■ **rainspout**
屋根の水を落とす縦の樋、堅樋のこと。waterspoutともする。

■ **Pastoral**
ベートーベン作曲の交響曲第6番ヘ長調、作品68番 The Pastoralのこと。1808年作。

■ **that's that**
That is the end of the matterとの意で、話題の終わりを示して使われる。ここでは「それでめでたし、めでたし」といったところ。

■ **go on**
命令形で相手の好意を促し、continue without stoppingの意で使われる。

■ **her people**
one's peopleとして「家族、身内」特に「両親」を意味する。

81

DON : So they come to New York. They stay at the Hotel Manhattan. Their very first day, she's to introduce him to her parents. One o'clock. Lobby of the hotel...

INT. HOTEL MANHATTAN - DAY - Don waits in the lobby of the hotel with a present. He takes a seat unknowingly behind Helen's parents, MR. and MRS. ST JAMES.

MR. ST. JAMES : Just walked in for a simple haircut. No, that wasn't enough, not for New York. They gave me a shampoo, scalp massage and a manicure. Thought they were going to tear my shoes off and paint my toenails.

MRS. ST. JAMES : Oh, ha, ha, ha, ha, ha. I had a lovely morning. Just did a little window shopping. Didn't want to get all tired out.

MR. ST. JAMES : On account of meeting that young man? Now, Mother.

MRS. ST. JAMES : Who did you get that haircut for?

Don turns around, realizing they are talking about him.

MR. ST. JAMES : Wonder what's keeping Helen.
MRS. ST. JAMES : She'll be here.
MR. ST. JAMES : This Birnam fellow, went to Cornell, didn't he?
MRS. ST. JAMES : I believe so.
MR. ST. JAMES : But he never graduated. I wonder why. How old is he?
MRS. ST. JAMES : Thirty-three.
MR. ST. JAMES : He has no job. As far as I can find out, he never had one. I wish Helen wasn't so vague.
MRS. ST. JAMES : Maybe he has a little money. Some people do, you know, Father.
MR. ST. JAMES : He ought to have a job anyway.

ドン ：そこで彼らはニューヨークにやってくる。彼らはホテル・マンハッタンに泊まる。その最初の日、女性は彼を両親に紹介することになっている。1時。そのホテルのロビーで…

屋内－ホテル・マンハッタン－昼－ドンはホテルのロビーで贈物を持って待つ。彼はそれと知らずに、ヘレンの両親であるセント・ジェームズ夫妻の背後の椅子に座る。

セント・ジェームズ氏：ただ髪を切ってもらおうと入っただけさ。だめなんだ、ニューヨークじゃあ、それだけでは十分じゃない。シャンプーに頭皮マッサージ、それにマニキュアときた。やつらはわしの靴を脱がして指の爪まで塗るのかと思ったよ。

セント・ジェームズ夫人：まあ、ア、ハ、ハ、ハ、ハ。私は素敵な朝を過ごしましたよ。ちょっとだけウィンドーショッピングをしたわ。クタクタに疲れたくなかったからよ。

セント・ジェームズ氏：あの青年に会う理由でか？　おいおい、母さん。

セント・ジェームズ夫人：あなたは誰のために髪を切ってもらったの？

ドンは彼らが自分のことを話しているのを悟って振り向く。

セント・ジェームズ氏：何でヘレンは遅いのかなあ？

セント・ジェームズ夫人：そのうち来ますよ。

セント・ジェームズ氏：このバーナムという男だが、コーネル大学に通っていたんだろ？

セント・ジェームズ夫人：そうだと思いますよ。

セント・ジェームズ氏：だが卒業はしなかった。なぜだろう。年はいくつだ？

セント・ジェームズ夫人：33歳。

セント・ジェームズ氏：仕事はない。わしが知り得た限りでは、仕事をしたことがない。ヘレンがもっとはっきり言ってくれればいいんだがな。

セント・ジェームズ夫人：きっと、多少のお金を持っているのでしょう。ほら、そういう人もいますよ、お父さん。

セント・ジェームズ氏：とにかく、仕事を持つべきだ。

■ very first day
ここでの very は最上級、または best, last, next, first などを強調して「まさしく、まさに」を意味する強意語。

■ be to...
「be + to 不定詞」は予定、計画、義務、運命、目的を表して「～する予定である、～することになっている、～すべきである、～するためのものである」の意。
ex. She is to come here today.(彼女は今日ここへ来ることになっている)

■ take a seat
take に代わって have, get も用いられる。なお、「空席を見つける」は find a vacant seat, find an empty seat.「席を予約する」は reserve a seat.「席から立つ」は rise from one's seat.

■ Just walked in
文頭の I が省略されたもの。

■ not for New York
「ニューヨークにとっては十分ではない」の意で、ニューヨークでは散髪だけでは終わらないということ。

■ scalp massage
scalp とは、通例、皮下組織まで含んだ「人間の頭皮」をいう。

■ manicure
手の爪の手入れ、化粧のことで、爪を磨き、つやを出し、色つけなどをする。足とその爪の手入れは pedicure(ペディキュア)という。

■ Thought
文頭の I が省略されたもの。

■ Just did
文頭の I が省略。なお、彼らは I を省略する癖があるので、今後はいちいち指摘しない。

■ what's keeping Helen?
直訳「何がヘレンを留めているのか？」から「どうしてヘレンは来ないんだ？」となる。ここでの keep は人や事が人を「引き留める」の意。

■ Cornell
ニューヨーク州 Ithaca にある創立1865年の Cornell University のこと。Ivy League の1つ。

■ vague
ここでは「ヘレンにもっとはっきりしてもらいたい」→「ヘレンはあいまいでいかんよ」といったところ。

MRS. ST. JAMES : He's a writer.

MR. ST. JAMES : Writer? What did he write? I never heard his name.

MRS. ST. JAMES : Now Father, relax. You always expect the worst.

MR. ST. JAMES : I hope he realizes that Helen's our only daughter. We ought to know a few things about him.

MRS. ST. JAMES : Those'll all come out...his background, his prospects, his church affiliations. I've made up my mind...

Don gets up and looks around the lobby. He sees Helen come in and walk over to her parents. Don hides behind some other people to get to the phone box without her seeing him. He calls the front desk.

DON : (on phone) Hotel Manhattan? Would you please page Miss Helen St. James? St. James. Yeah, she's in the lobby.

A bellhop comes to Helen to inform her of Don's call. Don watches her from the phone box.

DON : (on phone) Helen?... Don. Darling, I'm terribly sorry but I won't be able to get there for a while. Will you please go ahead and have your lunch and apologize to your parents... Oh, nothing serious. I'll be there. Goodbye.

Helen goes back to her parents. Don slides out of the phone box.

INT. APARTMENT - NIGHT - Don is lying on the couch with a drink in his hand when Wick returns and turns on the light.

DON	: Turn off that light.
WICK	: Don?
DON	: Turn it off!
WICK	: For heaven's sake, Don.

---

relax 気を静める, くつろぐ ❂
expect 予想する, 予期する

realize 理解する, 悟る

come out 現れる ❂
background 背景 ❂
prospects 見込み, 展望
church affiliation 教会との関係, 所属している教会 ❂
make up one's mind 決心する

phone box 電話ボックス

page 呼び出す ❂

bellhop ベルボーイ ❂
inform A of B AにBを知らせる

be able to... 〜することができる
for a while しばらくは ❂
go ahead どうぞ, さっさと
serious 深刻な, 重大な

couch 長椅子, ソファ ❂
turn on つける ❂

84

セント・ジェームズ夫人：彼は作家なんですよ。

セント・ジェームズ氏：作家？　何を書いた？　彼の名前を聞いたことがない。

セント・ジェームズ夫人：さあ、お父さん、楽にして。あなたはいつも最悪のことを予想するんだから。

セント・ジェームズ氏：ヘレンがわしらの一人娘だということを彼にわかってもらいたいもんじゃ、わしらは彼について少しは知っておくべきだ。

セント・ジェームズ夫人：そういうことはすべてわかりますよ…彼の素性とか将来性、教会関係がね。私は決心しました…

ドンは起き上がり、ロビーを見渡す。彼はヘレンが入ってきて両親の所に歩いていくのを見る。ドンは彼女に見られずに電話ボックスに行こうと、ほかの人の背後に隠れる。彼はフロントに電話する。

ドン　　　：（電話で）ホテル・マンハッタンですか？　ミス・ヘレン・セント・ジェームズを呼び出していただけますか？　セント・ジェームズ。そう、彼女はロビーにいます。

ベルボーイはドンの電話を知らせにヘレンの所へ行く。ドンは電話ボックスから彼女を見ている。

ドン　　　：（電話で）ヘレン？　…ドンだ。ねえ君、大変申し訳ないけど、しばらくそこへは行けそうにないんだ。君は先に昼食を食べて御両親に謝ってくれないか…いや、何も深刻なことではない。後でそっちへ行くよ。さようなら。

ヘレンは両親の所に戻る。ドンは電話ボックスからそっと抜け出す。

屋内－アパート－夜－ウィックが戻り、電気をつけると、ドンは手に酒を持ち、ソファに横になっている。

ドン　　　：その明かりを消してくれ。
ウィック　：ドン？
ドン　　　：そいつを消してくれ！
ウィック　：一体どうした、ドン。

■ relax
take it easy（かっかしないで、落ち着いて）の意味で使われる。

■ come out
この表現は His new book came out.（彼の新しい本が出版された）のように「出版される」、She came out well in the photograph.（彼女の写真はよく写っていた）のように「(写真が)写る」など。ここでは This secret will come out.（この秘密は明らかになるだろう）のように「明らかになる」の意味を表す。

■ background
ここでは人の性格、地位などを作り出した環境、育ち、素性などをいう。

■ prospects
a person's prospects として「人の将来性」。

■ church affiliation
affiliation とは「親密、加入、所属」の意。そこから、ここでは教会との関係はどうか、どういった教会に所属しているのか、ということ。

■ page
ここでは本などの「ページ」ではなく、名前を呼んで人を「呼び出す」、すなわち to call for somebody over a loudspeaker の意。そこから、ホテルや事務所などで伝言の伝達や客の案内をする「給仕、ボーイ」を page boy という。

■ bellhop
特にホテルで荷物運びをするボーイ。bell-hop ともする。

■ for a while
for a short while と同じ。while は「（少しの）時間」。そこで in a while、in a little while で「まもなく、すぐに」、a long while で「長い間」、a good while で「かなりの間」。なお、good に代わって great、quite a を使うこともできる。

■ go ahead
相手に許諾を与えるときの表現。

■ couch
通例、低い背で、一方または両端にひじのついた長椅子。

■ turn on
明かり、ラジオ、テレビ、火、水、ガスの栓をひねったり、スイッチを回してつけること。この反対は turn off。
ex. She turned on the water.（彼女は水道の水を出した）

85

Wick turns off the light.

WICK : I thought you were with Helen and her father and mother. What happened?

Wick sits down next to Don and takes the glass from him.

WICK : Come on, Don.
DON : I couldn't face it.
WICK : Couldn't face what? Didn't you go to see them?
DON : Certainly I went. One o'clock sharp. I saw them all right. Only they didn't see me.

WICK : How was that?
DON : Such nice, respectable people. I couldn't face them, Wick, and all the questions they'd ask me. I just couldn't do it. Not cold. I had to have a drink first. Just one. Only the one didn't do anything to me.

WICK : So you had another and another. Oh, you poor idiot, Don. Won't you ever learn that with you, it's like stepping off a roof and expecting to fall just one floor?

DON : Will you call her, Wick? Tell her something. Tell her I'm sick. Tell her I'm dead. Will you call?

Wick loosens Don's tie.

WICK : Yes, I'll call.
DON : You know she must have written them a lot of nice things about me. What a gentleman I am. A prince.
WICK : Which hotel is it?
DON : The Manhattan. Mr. and Mrs. Charles St. James of Toledo, Ohio.

---

face 直面する，面と向き合う

one o'clock sharp 1時きっかり
all right 間違いなく，ちゃんと

respectable 立派に，上品な

Not cold

didn't do anything to me

poor idiot 哀れなばか者
step off 足を踏み出す

loosen a person tie 人のネクタイをゆるめる

The Lost Weekend

ウィックは明かりを消す。

ウィック ： おまえはてっきりヘレンと彼女の父親、それに母親と一緒だと思っていたが。何があったんだ？

ウィックはドンの隣に座り、彼からグラスを取る。

ウィック ： さあ、ドン。
ドン ： 面と向かえなかった。
ウィック ： 何に面と向かえなかったんだ？ 彼らに会いに行かなかったのか？
ドン ： もちろん、行ったさ。ぴったり1時にね。ちゃんと彼らを見たよ。ただ、彼らは僕を見なかったが。
ウィック ： それはどういうことだ？
ドン ： とても素敵で立派な人たちだ。僕は彼らに面と向かえなかったんだよ、ウィック、それに彼らが僕に尋ねるだろういろんな質問にね。どうしてもできなかった。しらふではね。先に一杯、飲まずにはいられなかった。一杯だけ。ただ一杯だけでは僕には何の効き目もなかった。
ウィック ： だからもう一杯、もう一杯と飲んだのか。たく、哀れなばか者だな、ドン。おまえはまだわからないのか、おまえというやつは、屋根から足を踏み出したら、たった1階落ちるだけだとでも思っているのか？
ドン ： 彼女に電話してくれないか、ウィック？ 何か言っておいてくれ。僕が病気だと言ってくれ。死んだと言ってくれ。電話してくれるか？

ウィックはドンのネクタイをゆるめる。

ウィック ： わかった、電話しよう。
ドン ： ほら、彼女は両親に、僕について色々と良いことを手紙に書いたに違いないんだ。僕は何て紳士だ。王子様だよ。
ウィック ： どこのホテルだ？
ドン ： マンハッタン。オハイオ州トレドのチャールズ・セント・ジェームズ夫妻だ。

■ face
ここでの face は She finally stood up and faced him.（彼女はついに立ち上がって彼に立ち向かった）のように to meet with courage、すなわち confront の意味を表す。

■ one o'clock sharp
ここでの sharp は「鋭い」ではなく、I'll meet you at eleven o'clock sharp.（11時きっかりに会いましょう）のように「時間きっかりに」、つまり時間に用いて exactly を表す副詞。

■ all right
ここでは I'm all right.（私は大丈夫です）のように「元気で、無事で」とか「いいです」の意味ではなく、without a doubt を表す副詞。

■ respectable
= good; honest; admirable; decent; honorable; nice; respected; venerable

■ Not cold
ここでの cold は「冷たい」ではなく、cold sober、すなわち sober（しらふ）、また completely sober を意味する俗語。sold cober ともいる。

■ didn't do anything to me
直訳「私には何もしなかった」とは「私には何の効果もなかった、私には全く効き目がなかった」ということ。

■ poor idiot
ここでの poor は「貧しい」ではなく、話し手の人や動物に対する心的態度、感情を表す語で「かわいそうな、浅ましい」ほどの意。

■ loosen a person tie
「ネクタイを結ぶ」は tie a tie、「ネクタイをする」は wear a tie, put on a tie、「ネクタイを取る」は take off one's tie、「ネクタイをしている」は wearing a tie、「（曲がっている）ネクタイを直す」は straighten one's tie.

When Wick stands to get the phone, the doorbell buzzes.

WICK : (whispering) **Get up, Don.**

Wick helps Don up and pushes him into the bedroom. He puts an empty bottle under the couch. The doorbell buzzes again.

WICK : Just a minute, Helen.

Wick opens the door and lets Helen in.

HELEN : Hello, Wick. Is Don here?
WICK : Don? No.
HELEN : Any idea where he could be?
WICK : Wasn't he meeting you?

HELEN : Oh, he was supposed to meet us for lunch, and then he telephoned he'd be late.

Don listens in from the bedroom.

HELEN : Mother's beginning to think I just made him up. Do you suppose something happened to him?
WICK : Nonsense.
HELEN : Oh. But surely he'd have called back, if he were all right.
WICK : Where did he call you from?
HELEN : I don't know.
WICK : I think I have got an idea. He called from out of town.
HELEN : Out of town? Where?
WICK : Philadelphia.
HELEN : What's he doing in Philadelphia?
WICK : Well, there's an opening on the Philadelphia Inquirer, the book section and Don wrote them, he wired them and I think this morning he just took an early train.

ウィックが電話を取ろうと立ち上がると、ドアのベルが鳴る。

ウィック ：（ささやき声で）起きろ、ドン。

ウィックはドンが立ち上がるのに手を貸し、寝室へと押し入れる。彼は空のビンをソファのドに置く。ドアのベルが再び鳴る。

ウィック ：ちょっと待って、ヘレン。

ウィックはドアを開け、ヘレンを中に入れる。

ヘレン ：こんにちは、ウィック。ドンはいる？
ウィック ：ドン？　いや。
ヘレン ：どこにいるのか、見当がつく？
ウィック ：あいつは君と会っていたんじゃなかったのかい？
ヘレン ：ええ、私たちと会って一緒に昼食をすることになっていたけど、でも彼から電話があって、遅れると言ってきたの。

ドンは寝室から盗み聞きしている。

ヘレン ：母は私が彼という人間をでっち上げたと思い始めているわ。彼に何かあったと思う？

ウィック ：そんなばかな。
ヘレン ：ええ。でも、もし無事だったらきっと折り返し電話をしてきたはずよ。
ウィック ：あいつ、どこから君に電話してきた？
ヘレン ：わからない。
ウィック ：私にはわかったような気がする。あいつは町の外から電話したんだ。
ヘレン ：町の外？　どこよ？
ウィック ：フィラデルフィアだ。
ヘレン ：フィラデルフィアで何をしてるの？
ウィック ：そう、フィラデルフィア・インクワイアラーの書籍部門に欠員があったので、ドンは彼らに手紙を書き、電報を打った、それで今朝、朝の早い列車に乗ったんだと思う。

■ Just a minute.
「ちょっと待って」
wait a moment, pleaseの意を表す決まり文句。同意の表現にJust a minute/second/sec/tick. Half a tick/moment/mo. Just a jiffy. One momentなどがある。なお、この表現は相手の言ったことに異議や疑問を挟んで「おい、ちょっと待てよ、そうだろうか」の意味合いでも使われる。

■ Any idea
文頭のDo you haveが省略されたもの。なお、ここでのideaは「認識、見当」の意で、I have no idea.（私にはわかりません）のように使われる。

■ listen in
電話や他人の話を盗み聞きすること。
ex. She was listening in to her husband's private calls.（彼女は夫の電話を盗み聞きしていた）

■ nonsense
ここでは「無意味な言葉、戯言」から、間投詞として使われて「ばかな」を意味する。

■ call back
「電話に出る」はanswer the phone、「人を電話に出してくれ」はget a person on the phone, call a person to the phone、「人と電話で話す」はspeak to a person on the phone。なお、on the phoneに代わってover the phone, by phoneでもよい。
ex. I'll call you back later.（後で折り返し電話します）

■ I think I have got an idea
「私にはわかった気がする」から「こうかもしれない」としてもよい。

■ Philadelphia
ペンシルベニア州東部、デラウェア川に臨む都市で、1776年の独立宣言が発せられた地。元アメリカ合衆国首都（1790 - 1800）。

■ opening
ここではThere are no openings for engineers.（技術者の空きはありません）のように就職の「口」を意味する。

■ wire
「人に返電する」はwire back to a person。
ex. She wired to her parents for money.（彼女は両親に金を送れと電報を打った）

89

HELEN : Oh. Why, he didn't tell me a word about it.

WICK : I, I'm not supposed to tell you either. He wanted it to be a surprise.

HELEN : He did?

WICK : Yes, he, he probably couldn't meet the right people right away, missed a train. You know how it is.

HELEN : Oh, it would be just wonderful if he got the job and started working.

Helen sits down on the couch. The empty bottle rolls out.

HELEN : Or would it, Wick, with him in Philadelphia and me in New York? Don't ever tell him I said that though, will you?

WICK : Of course not.

Wick notices the bottle and walks past it.

HELEN : I can never understand why somebody like Don, a person with such talent, such flashes of real brilliance... Maybe I'm a bit prejudiced.

Wick tries to kick the bottle back under the couch.

HELEN : What are you doing, Wick?
WICK : Nothing.

Helen sees the bottle.

HELEN : Where did that bottle come from?
WICK : It just rolled out.
HELEN : From under the couch.
WICK : Yes, Helen.

Wick picks up the bottle.

ヘレン	:	まあ。でも、彼はそのことについて一言も私に言わなかったわ。
ウィック	:	私…私も君には言ってはいけないことになっているんだ。彼はそのことでびっくりさせたかったんだよ。
ヘレン	:	そうなの？
ウィック	:	そうだ、あいつ…あいつはたぶん、すぐに担当者に会えなかったか、列車に乗り遅れたかしたんだ。よくあることさ。
ヘレン	:	まあ、彼がその職に就いて、働き始めたらほんと、素敵だわ。

ヘレンはソファに座る。空のビンが転がり出てくる。

ヘレン	:	それとも、ウィック、彼がフィラデルフィアで、私はニューヨークってことになるかしら？　でも、私がそう言ったなんて彼には言わないで、ね？
ウィック	:	もちろん言わないさ。

ウィックはビンに気づき、その横を歩いていく。

ヘレン	:	私、どうしても理解できないの、あれほどの才能があり、素晴らしいひらめきを持つドンほどの人が…たぶん、私、少しひいき目で見てるのね。

ウィックはビンを蹴ってソファの下に戻そうとする。

ヘレン	:	何してるの、ウィック？
ウィック	:	別に何も。

ヘレンはビンを見る。

ヘレン	:	そのビンはどこから？
ウィック	:	ただ、転がって出てきただけさ。
ヘレン	:	ソファの下からね。
ウィック	:	そうさ、ヘレン。

ウィックはビンを拾い上げる。

■ **surprise**
この語は I have a surprise for you.（あなたに思いがけないプレゼントがあります）のように、受け取る側が思いもしなかったお祝い、贈り物、パーティなどについても頻繁に使われる。

■ **right people**
ここでの right は「それなりの、適した、望み通りの」などの意味で使われたもの。
ex. I think he is the right man for the job.（彼はその仕事にピッタリの人物だと思う）

■ **right away**
= right off; right off the bat; immediately; without delay

■ **miss a train**
miss の基本的意味は標的、目標を「外す」。そこから乗り物について用いられると I missed the 9 a.m. train.（私は朝9時の列車に乗り遅れた）のように「乗り損なう」の意を表す。

■ **brilliance**
「強い明るさ、光沢」という基本的意味から、人、才能、素質などに使われて「際立った才能」、すなわち exceptional intelligence を表す。

■ **a bit**
a little を表す口語表現。
ex. I'm a bit tired.（少し疲れたよ）

■ **prejudice**
You are prejudiced against them.（君は彼らに対して偏見を抱いている）のように、通例、受身で使われる。なお、prejudice とは単に「偏った見解、中正ではない意見」との意で、必ずしも悪い意味合いだけで使われるわけではない。

WICK	: You know it's my guess that Don caught an early train and...	
HELEN	: Is that Don's bottle?	
WICK	: What makes you think that?	What makes...that ◎
HELEN	: There was a bottle the first time we met.	
WICK	: There was?	
HELEN	: Fell out of Don's pocket.	
WICK	: That was for me, Helen. This one's mine too. You might as well hear the family scandal. I drink.	might as well do ～する方がいい, ～するようなものだ family scandal 家の恥, 一家の不面目 ◎ I drink 私は酒を飲む ◎

Wick picks up Don's glass.

WICK	: Don thinks I drink too much. I had to promise to go on the wagon. That's why I hid the bottle so he wouldn't see it.	go on the wagon 禁酒する ◎
HELEN	: Oh. I'm so sorry, Wick. I shouldn't have started asking questions. It's really none of my business.	It's really...business ◎
WICK	: Forget it, Helen.	Forget it ◎
HELEN	: I better be getting back to the hotel. Don's probably there already. And don't worry, Wick, I won't mention a word of it to him.	mention 口に出す, しゃべる
WICK	: Thank you, Helen.	
HELEN	: Bye.	
WICK	: Bye.	

Don bursts out of the bedroom.

burst out of... ～から飛び出す ◎

DON	: Helen. I'm sorry, Helen. I can't let you go. Not like this.	
HELEN	: Don!	
WICK	: Shut your mouth, Don. (to Helen) I'll take you downstairs.	Shut your mouth ◎
DON	: Thanks very much for your Philadelphia Story, Wick. Nice try. That looks so silly on you.	Nice try ◎ That looks so silly on you ◎

Don takes the glass from Wick.

ウィック	:	ねえ、私の推測では、ドンは朝の早い列車に乗って、それから…
ヘレン	:	それ、ドンのビンでしょ？
ウィック	:	何でそう思う？
ヘレン	:	私たちが初めて会ったときにビンがあったの。
ウィック	:	そう？
ヘレン	:	ドンのポケットから落ちたのよ。
ウィック	:	あれは私にくれるやつだったのさ、ヘレン。これも私のだ。家族の恥をさらすようだが、私は酒を飲むんだ。

ウィックはドンのグラスをつかみ上げる。

ウィック	:	ドンは私が飲み過ぎると思っている。私は禁酒すると約束しなきゃならなかったのさ。それで、彼に見つからないよう、ビンを隠したってわけさ。
ヘレン	:	まあ、ごめんなさい、ウィック。私、あれこれ質問し始めるべきじゃなかったわね。ほんと、私には何の関係もないことだもの。
ウィック	:	いいってことさ、ヘレン。
ヘレン	:	ホテルに戻った方がよさそうね。ドンはたぶん、もうそこにいるでしょう。それから、ご心配なく、ウィック、彼にはこのことは一言も言わないから。
ウィック	:	ありがとう、ヘレン。
ヘレン	:	さようなら。
ウィック	:	さようなら。

ドンが寝室から飛び出してくる。

ドン	:	ヘレン、すまない、ヘレン。君を帰すわけにはいかない。こんなふうに。
ヘレン	:	ドン！
ウィック	:	黙れ、ドン。（ヘレンに）下まで送るよ。
ドン	:	フィラデルフィア物語をありがとう、ウィック。残念だったね。兄貴にはそいつは似合わない。

ドンはウィックからグラスを取る。

■ What makes you think that?
直訳「何が君にそう思わせるのか？」から「どうしてそう思うんだい？」となる。「S + make + O + do」の型で「SはOに強制的にdoさせる」の意を表す。

■ family scandal
ここでのscandalは名誉、名声を損なう「恥辱」のこと。

■ I drink
Do you drink?（あなたは酒を飲みますか？）のようにdrinkだけの場合は、通例、「酒を飲む」の意に用いられる。
ex. He drinks like a fish.（彼は大酒飲みだ）

■ go on the wagon
to abstain from drinkingの意で、go on the water wagonともする。禁酒をやめて「また酒を飲み始める」はfall off the wagonという。なお、「酒をやめる」を普通に表現すればHe gave up drinking.（彼は酒をやめた）のようにgive up drinking、またgive upに代わってstop, quitが使われる。

■ It's really none of my business
「私には関係ない、私が口を出すべきことではない」の意で、It's not any of my businessともする。ここでのbusinessは「商売」ではなく「干渉すべきこと」の意。
ex. Mind your own business.（大きなお世話だ）

■ Forget it.
「いいってことよ、気にするなって」
謝辞、謝罪に対してthere is no need for an apology, thanks, etc.の意で使われる決まり文句。

■ burst out of...
ここでのburstはShe burst out laughing.（彼女は急に笑い出した）とか、He burst into my room.（彼は急に私の部屋に飛び込んできた）のように場所、状態などの急激な変化を表す。

■ Shut your mouth.
「黙れ」
shut upを意味して使われる決まり文句。

■ Nice try
直訳「良い試みだった」から「残念だったね」となる。もう少しでうまくいったのに残念だったね、といったニュアンスで使われる。

■ That looks so silly on you
直訳「兄貴にはそいつは愚かに見える」とは「兄貴にはそいつは似合わない」の意。ここでのthatはbottleのこと。

WICK	: Don't listen to him.
DON	: She doesn't have to. Just look at the two of us.
HELEN	: Yes. What is all this covering up?
WICK	: All that happened is that Don was nervous at the idea of meeting your parents and so he had a couple of drinks.
DON	: Come on, Wick, she'd have found out sooner or later.
HELEN	: Stop it, both of you. Don's a little tight. Most people drink a little. A lot of them get tight once in a while.

Helen walks over to Don.

DON	: Sure. The lucky ones who can take it or leave it. But then there are the ones who can't take it and can't leave it either. What I'm trying to say is I'm not a drinker. I'm a drunk. They had to put me away once.
WICK	: He went to a cure.
DON	: Which didn't take. You see, that first time we met, I should have had the decency to get drunk, just for your sake.
HELEN	: For my sake? We're talking about you. (to Wick) Is it really that bad, Wick?
DON	: Yes, it is.
WICK	: Can't we go over this tomorrow, Don, when you're feeling more like yourself?
DON	: Helen's heard the facts. That's all there is to it.
HELEN	: Yes, I've heard them and they're not too pleasant. But they could be worse. After all, you're not an embezzler or a murderer. You drink too much and that's not fatal. One cure didn't take. There are others.

The Lost Weekend

ウィック	:	彼の言うことに耳を貸さないでくれ。
ドン	:	彼女にはその必要なんかないさ。僕たち2人を見るだけでいい。
ヘレン	:	ええ。こんな隠し事をして、何なの？
ウィック	:	ことのすべては、ドンが君のご両親に会うことを考えて心配になり、二、三杯飲んだということだ。
ドン	:	よしてくれ、ウィック、遅かれ早かれ彼女にはわかってしまうことだ。
ヘレン	:	やめてよ、2人とも。ドンは少し酔っているのね。たいていの人は少しは飲むものよ。時に酔う人も大勢いるわ。

ヘレンはドンの方へ歩いていく。

ドン	:	そうさ。そういうのは、飲んでも飲まなくてもいい運の良い連中さ。だが、飲もうともできなければ、やめようともできない連中がいる。僕が言おうとしているのは、僕が酒飲みだというのではなく、大酒飲みということだ。一度などは、放り込まれたものだ。
ウィック	:	治療を受けたんだよ。
ドン	:	それは効かなかった。ねえ、僕たちが最初に出会ったとき、僕は酔っぱらうだけの礼儀を持つべきだったんだ、君のためだけにね。
ヘレン	:	私のために？　私たちはあなたのことを話しているのよ。（ウィックに）ほんとにそんなにひどいの、ウィック？
ドン	:	うん、そうなんだ。
ウィック	:	このことは明日、話せないか、ドン、もっとおまえらしい気分のときにな。
ドン	:	ヘレンはすでに事実を聞いた。それ以上、言うことはない。
ヘレン	:	ええ、聞いたわ、それにあまり楽しいものではなかったわ。でも、それくらいのことで良かった。結局、あなたは横領犯でも、人殺しでもないんだから。酒を飲み過ぎるということであって、それは致命的じゃない。1つの治療法は効かなかった。ほかにも治療法はあるもの。

■ What is all this covering up?
直訳「この隠し立ては一体何なの？」から「これは一体何を隠そうということ？」となる。なお、covering up は事実、悪事などを「隠ぺいすること」。

■ sooner or later
= soon or late; at some unknown time in the future; sometime

■ tight
この語は He got tight on a glass of wine.（彼はワイン一杯で酔った）のように intoxicated, drunk を意味する俗語。

■ take it or leave it
この表現は申し出などに対して「受けるか受けないかは自由です、買うか買わないかどちらかにしてください」といった意味合いで使われるイディオム。ここでは「酒を飲むことも、また飲まないこともできる」ということ。

■ can't take it and can't leave it
上記の take it or leave it をもじったもの。

■ put away
この表現の「片付ける、しまう」から比喩的に用いられて、刑務所、精神病院、養老院などに「入れる」を意味する。ここではアル中患者の病棟のこと。

■ have the decency to...
decency とは言葉や振る舞いなどの「礼儀正しさ、良識、人のよさ」などをいう。

■ That's all there is to it.
「それで終わり、それだけのことだ」
That's all のことで、no more need be said or done の意を表す決まり文句。

■ they could be worse
「それらはもっと悪くなりうる」から「それくらいで良かった」となる。

■ after all
= anyway; despite everything; nevertheless

■ embezzler
動詞の embezzle は委託された金や財産を「着服する、使い込む」を意味する。

■ murderer
「（故意の）殺人」は murder、「（過失の）殺人」は manslaughter、「殺人罪」は a charge of murder, a murder charge、「殺人事件」は a murder case、「殺人未遂」は an attempted murder。

■ fatal
= deadly; lethal; destructive; disastrous; ruinous

WICK : Of course there are.

DON : This has a familiar ring.

HELEN : But, there must be a reason why you drink, Don. The right doctor could find it.

DON : Look, I'm way ahead of the right doctor. I know the reason. The reason is me. What I am. Or, rather, what I'm not. What I wanted to become and didn't.

HELEN : What is it you want to be so much that you're not?

DON : A writer. Silly, isn't it? You know, in college I passed for a genius. They couldn't get out the college magazine without one of my stories. Boy, was I hot, Hemingway stuff. I reached my peak when I was nineteen. Sold a piece to the Atlantic Monthly. Reprinted in the Readers' Digest. Who wants to stay in college when he's Hemingway? My mother bought me a brand new typewriter, and I moved right in on New York. Well, the first thing I wrote, that didn't quite come off. And the second, I dropped. The public wasn't ready for that one. I started a third and a fourth...only by then, somebody began to look over my shoulder and whisper, in a thin, clear voice like the E-string on a violin. Don Birnam, he'd whisper, it's not good enough. Not that way. How about a couple of drinks just to set it on its feet, huh? So I had a couple. Oh, what a great idea that was. That made all the difference. Suddenly I could see the whole thing...the tragic sweep of the great novel, beautifully proportioned.

This has a familiar ring ◊

way ahead of... ～のずっと先を越して、～のずっと先に ◊

pass for... ～で通る ◊
genius 天才, 英才
get out 発行する ◊
boy いやはや, やれやれ
hot 素晴らしい, 刺激的な
peak ピーク, 絶頂
piece 作品, 記事
the Atlantic Monthly アトランティック・マンスリー ◊
the Reader's Digest リーダーズ・ダイジェスト ◊

brand new 真新しい, 新品の

come off うまくいく, 成功する ◊
drop やめる, 中止する ◊
public 一般の人々, 社会
be ready for... ～に対する準備ができている

E-string E線 ◊

set it on its feet 自分の足で立たせる, 軌道に乗せる

make all the difference 大きな違いを作る
tragic sweep 悲劇的な流れ
beautifully proportioned 美しく釣り合いの取れた

The Lost Weekend

ウィック	：	もちろん、ある。
ドン	：	聞き慣れたセリフだな。
ヘレン	：	でも、あなたにはきっと飲む理由があるはずよ、ドン。ちゃんとした医師ならそれを見つけてくれるわ。
ドン	：	いいかい、僕はちゃんとした医師よりはるかに優れているのさ。理由はわかっている。理由はこの僕だ。僕という人間。あるいは、むしろ、僕でない人間だ。なりたいと思っていて、なれなかった人間だよ。
ヘレン	：	あなたがそんなになりたがっていて、なっていない人間って？
ドン	：	作家さ。ばかげているだろ？ ほら、僕は大学では天才で通っていた。僕の書いた物語が１つなければ、連中は大学の雑誌を出せなかった。ほんとに、僕は素晴らしく、ヘミングウェイといったところだった。19歳のときに頂点に達したわけだ。アトランティック・マンスリー誌に１つ作品を売ったんだ。リーダーズ・ダイジェストに転載されたよ。ヘミングウェイであるのに、誰が大学に留まりたがる？ 母は僕に新品のタイプライターを買ってくれた。それで、僕はすぐニューヨークに乗り込んだ。だが、僕が書いた最初のものはあまりうまくいかなかった。そして２番目の作品で、やめてしまった。大衆はまだそういったものを受け入れる用意ができていなかった。３番目、４番目を書き始めた…ただ、そのころには誰かが僕の肩越しに眺めて、バイオリンのＥ線のような小さい、はっきりとした声でささやき始めたのさ。ドン・バーナム、と彼はささやくんだ、それでは不十分だ、とね。そんなんじゃあだめだ。そいつを軌道に乗せるために二、三杯飲んだらどうだ、え？ そこで僕は二、三杯飲んだ。ああ、それは何と素晴らしい考えだったことか。そうしたら、まったく違ったんだ。突然、僕は全体を見ることができた…美しい均整の取れた、偉大な小説の悲劇的な全体が。

■ This has a familiar ring
「こいつは聞き覚えのある話だ、よく聞くセリフだな」の意。ここでの familiar は「ありふれた、聞き慣れた、聞き覚えのある」といった意味合い。また a ring は言葉とか話の内容などについて「～らしい響き、感じ、印象」の意で用いられる。

■ way ahead of...
ここでの way は「ずっと、はるかに、とても」を意味する副詞。

■ pass for...
pass for someone or something で to be accepted as someone or something の意を表す。

■ get out
この表現の「外に出す」から、報告書などに用いて「提出する、発送する」、本などに用いて「発行する、完成させる」の意を表す。

■ boy
驚き、承認、愉快、不快、落胆、軽蔑などの叫び。

■ the Atlantic Monthly
1857 年にボストンで創刊されたアメリカの総合月刊誌。当初は文学、文化の雑誌であったが、現在は文学、政治学、外交に関する年 10 冊の総合雑誌。

■ the Reader's Digest
ニューヨークに本社がある、1922 年創刊のアメリカ月刊大衆雑誌。

■ come off
= to happen as planned; succeed
ex. Did your party come off okay?（君のパーティはうまくいきましたか？）

■ drop
計画、問題、週刊などを中止する、撤回すること。

■ E-string
E とはホ音のことで、ハ長調の第 3 音またはイ短調の第 5 音。

■ tragic sweep
ここでの sweep は「広がり、範囲、流れ」。

DON : But before I could really grab it and throw it down on paper, the drinks would wear off and everything would be gone, like a mirage. Then there was despair, and a drink to counterbalance despair, and then one to counterbalance the counterbalance. And I'd sit in front of that typewriter, trying to squeeze out one page that was halfway decent, and that guy would pop up again.

HELEN : What guy? Who are you talking about?

DON : The other Don Birnam. There are two of us, you know; Don the drunk and Don the writer. And the drunk would say to the writer, come on, you idiot. Let's get some good out of that portable. Let's hock it. Let's take it to that pawnshop over on Third Avenue, it's always good for ten dollars, another drink, another binge, another bender, another spree. Such humorous words. I tried to break away from that guy a lot of times but, no good. You know once I even got myself a gun and some bullets. I was gonna do it on my thirtieth birthday. Here are the bullets.

Don goes over to the drawer and takes out some bullets to show Helen.

DON : The gun went for three quarts of whiskey. That other Don wanted us to have a drink first. He always wants us to have a drink first. The flop suicide of a flop writer.

WICK : All right, maybe you're not a writer. Why don't you do something else?

DON : Sure, take a nice job. Public accountant, real estate salesman. I haven't the guts, Helen. Most men lead lives of quiet desperation. I can't take quiet desperation.

ドン	:	だが、本当にそれをつかんで紙面に打ちつける前に、酒の効き目が薄れ、すべては蜃気楼のように消え失せた。それから絶望だ、そこで絶望を埋め合わせるために一杯飲み、それからその埋め合わせを埋め合わせるために、また一杯飲んだ。そして僕は多少なりとも見苦しくない１ページを絞り出そうとして、あのタイプライターの前に座る。するとまた例のやつがひょっこり現れるのさ。
ヘレン	:	どんな男？　誰の話をしてるの？
ドン	:	もう１人のドン・バーナムだ。ほら、僕は２人いるんだ。酔っ払いのドンと作家のドンだ。そして酔っ払いは作家に向かってこう言ったものだった、さあ、アホめ。そのタイプライターを少しはうまく活用しろ。それを質に入れよう。それを３番街の質屋に持っていこう、いつだって10ドルになる、また飲める、また酒盛りだ、また飲んで騒げる、また楽しく浮かれる、とね。そうしたユーモラスな言葉。僕は何度もそいつから逃げ出そうとしたが、しかしだめだった。ほら、一度などは、銃と弾丸さえ少し買ったことがあった。30歳の誕生日に死ぬつもりだったんだ。ここに弾丸がある。

ドンは引き出しの所に行くと、数発の弾丸を手に取り、ヘレンに見せる。

ドン	:	銃は３クォーツのウイスキーになった。もう１人のドンがまず酒を飲むことを望んだのさ。彼はいつもまず一杯やることを望んでいる。できそこない作家のできそこない自殺さ。
ウィック	:	わかった、おまえは作家じゃないかもしれない。ほかのことをしたらどうだ？
ドン	:	いいとも、気の利いた仕事に就こう。公共会計士、不動産のセールスマン。僕には根性がないんだ、ヘレン。ほとんどの男は物静かな絶望の生活を送っている。僕には物静かな絶望なんて我慢できない。

The Lost Weekend

■ throw it down on paper
ここでの throw down は「投げ落とす」から「書きつける」となる。

■ wear off
The pain in my head wore off.(頭痛が消えてなくなった)のように効果、痛み、暑さなどが徐々に減少することをいう。

■ squeeze out
ここでの squeeze は She squeezed the insides out of the orange.(彼女はそのオレンジの中身を絞り出した)のように、「絞る、絞り取る」の意。

■ halfway decent
halfway の「途中まで」から転じて「多少とも」の意になる。また decent は「まともな、適正な、穏当な」ということ。

■ portable
ラジオ、テレビ、コンピュータなど持ち運びできるもののこと。ここでは portable typewriter。

■ pawnshop
人を言うときは pawnbroker。

■ break away from...
この意味から「～と縁を切る」とする。

■ do it
ここでは shoot himself のこと。

■ drawer
「引き出しを開ける」は open a drawer、「引き出しを閉める」は close a drawer。なお、drawers とすると「タンス」。

■ The gun went...of whiskey
ここの went for は「～になってしまった」ということ。

■ flop writer
flop とは The play was a flop.(その芝居は失敗だった)のように failure、すなわち「失敗、失敗者」を意味する俗語。

■ public accountant
イギリスでは certified accountant(公認会計士)。

■ real estate
「不動産業」は real estate business、「不動産業者」は real estate agent、realtor(米)、estate agent(英)。

■ guts
= courage; strength; nerve
ex. He has guts.(彼は肝っ玉がすわっている)

■ lead a life of...
Henry David Thoreau(1817 - 62)の代表作 *Walden* (1854)からの引用。

99

HELEN	: But you are a writer. You have every quality for it. Imagination, wit, pity...
DON	: Come on, let's face reality. I'm thirty-three, I'm living on the charity of my brother. Room and board free. Fifty cents a week for cigarettes. An occasional ticket to a show or a concert, all out of the bigness of his heart. And it is a big heart and a patient one.
WICK	: Now, Don, I've only been carrying you along for the time being.
DON	: Shut up, Wick. I've never done anything, I'm not doing anything, I never will do anything. Zero, zero, zero.
HELEN	: Now you shut up. We'll straighten it out.
DON	: Look. Wick has the misfortune to be my brother. You just happened to walk in on this. Now if you know what's good for you, you'll turn around and walk out again and walk fast and don't turn back.
HELEN	: Why don't you make some coffee, Wick? Strong, three cups.
DON	: Look, Helen. Do yourself a favor. Go on, clear out.
HELEN	: Because I've got a rival? Because you're in love with this? You don't know me, Don. I'm gonna fight and fight and fight. Bend down.

Helen gestures to Don to bend down, but instead he takes a drink.

HELEN	: All right.

She pulls his head down and kisses him.

---

quality 特質, 特性
imagination 想像力
wit 機知
pity 哀れみ, 同情心
live on... ～に頼って生きている
charity 慈善, 施し
room and board 部屋代と食事代
occasional ときおりの, たまの
patient 辛抱強い, 忍耐強い
carry along 引き受ける
for the time being しばらくの間, さしあたり

straighten out 真っすぐにする, 解決する

misfortune 不運, 不幸
walk in on this これに行き当たる

turn back 振り返る
make some coffee

Do yourself a favor
clear out 立ち去る, さっさと引き払う

The Lost Weekend

ヘレン	:	でもあなたは作家よ。そのためのすべての資質を持ってるわ。想像力、ウィット、憐憫…
ドン	:	やめてくれ、現実に面と向き合ってみよう。僕は33歳で、兄貴のお情けを頼りに生きている。部屋代と食費はタダだ。タバコ代を週に50セント。時々はショーやコンサートのチケット。すべて兄貴の大きな心から出ている。しかも、それは大きな心で我慢強い心だ。
ウィック	:	なあ、ドン、私はおまえをしばらくの間、引き受けているだけだ。
ドン	:	黙れ、ウィック。僕は何一つしたことがない。何もしていない。これからも何もしないだろう。無、無、無だ。
ヘレン	:	今度はあなたが黙りなさい。私たちが正してあげる。
ドン	:	いいか、ウィックは不幸にも僕の兄貴だが、君はたまたま、これに行き当たっただけだ。だから、もし自分にとって何がいいのかわかれば、踵を返して、また出ていってくれ、そして大急ぎで歩いて、振り返らないことだ。
ヘレン	:	コーヒーを入れてはどう、ウィック？ 濃いのを三杯。
ドン	:	なあ、ヘレン。いいか。さっさと、出ていってくれ。
ヘレン	:	私にライバルがいるから？ あなたはこれに恋しているから？ あなたは私を知らないのよ、ドン。私は闘って、闘って、闘い抜くわ。かがんで。

ヘレンはドンに向かって、かがむようジェスチャーで示すが、彼はその代わり酒を飲む。

ヘレン	:	わかったわ。

彼女は彼の頭を下げ、彼にキスをする。

■ live on...
ここでの on は We live on rice.（私たちは米を食べて生きている）のように依存関係を表し、「〜に頼って、〜を食べて」を意味する前置詞。

■ room and board
ここでの board は「食事、有料の賄い」のこと。
ex. I pay 300 dollars a month for room and board.（1か月の部屋代と食事代は300ドルです）

■ carry along
carry の基本的意味「運ぶ」から発展して、Mr. Thomas carries this class.（トーマス先生がこのクラスを担当します）のように「受け持つ、担当する」などの意を表す。

■ for the time being
= for a while; temporarily; for the nonce

■ misfortune
ex. He had the misfortune to lose his daughter in the accident.（彼は事故で娘を失うという不幸に遭った）

■ make some coffee
コーヒーを「入れる」場合は make coffee とか brew coffee とする。なお、容器に入れる、すなわち注ぎ込むときは pour.
ex. She made me a cup of coffee.（彼女は私にコーヒーを作ってくれた）
cf. She poured me a cup of coffee.（彼女は私にコーヒーを注いでくれた）

■ Do yourself a favor.
「いいかね、あのね」
相手に注意、警告を与えるときの決まり文句。

Without Drinking...

INT. NAT'S BAR - DAY - Don continues talking to Nat who is sticking toothpicks in olives.

DON	: That was three years ago, Nat. That's a long time to keep fighting, to keep believing. She knows she's clutching a razor blade but she won't let go. Three years of it.
NAT	: And what? How does it come out?
DON	: I don't know. I haven't figured that far.
NAT	: Want me to tell ya? One day your guy gets wise to himself and gets back that gun. Or, if he's only got a buck then, he goes up to the Empire State Building, way up on top and then... (clicking his fingers) or he can do it for a nickel, in a subway under a train.
DON	: You think so, Nat? What if Helen is right, and this guy sits down and turns out something good...but good...and that pulls him up and snaps him out of it?
NAT	: This guy? Not from where I sit.

Don suddenly stands up.

DON	: Oh, shut up, Nat. I'm gonna do it. I'm gonna do it now. It's all there. You heard it.
NAT	: Yes, Mr. Birnam.
DON	: That's why I didn't go away on that weekend, see, so I can be alone up there and sit down at my typewriter. This time I'm gonna do it, Nat. I'm gonna do it.

---

stick 突き刺す, 突く
toothpick つまようじ
olive オリーブ

clutch ぐいとつかむ, ひっつかむ
razor blade カミソリの刃
let go 放す, 手放す

come out 出てくる, 〜になる ✿
figure 計算する, 懇願する
that far そこまでは
Want me... ✿
get wise to... （俗）〜を知る, 〜に気づく ✿
get back 取り戻す ✿
a buck 1ドル
Empire State Building エンパイア・ステート・ビル
click パチッと鳴らす
can do it for a nickel ✿

what if... 〜ならどうだろう, 〜したらどうなるだろう
turn out 生産する, 輩出する
that pulls him up ✿

snap out of... 〜から落ち着きを取り戻す, 回復する ✿

It's all there ✿

up there あそこで

sit down at... 〜に向かって座る

酒を飲まないと…

TIME 00:51:24

屋内－ナットのバー－昼－ドンはオリーブにつまようじを刺しているナットに話し続ける。

ドン ： それが3年前のことなんだ、ナット。闘い続け、信じ続けるには長い時間だよ。彼女はカミソリの刃を握りしめていることを知っているのに、離そうとしない。3年間ずっとそうだ。

ナット ： それで？ どうなるんだ？

ドン ： わからない。そこまで考えてなかったよ。

ナット ： 俺が言おうか？ ある日あんたのその男は、はたと気づいてあの銃を取り戻す。または、そのとき1ドルさえあれば、エンパイア・ステート・ビルに登って、てっぺんまで登って、それから…(指を鳴らす)、あるいは5セントでやってのけることもできるだろう、地下鉄の車両の下敷きになってな。

ドン ： そう思うかい、ナット？ もしもヘレンが正しいとしたら、それにこの男が座って何か良いものを作り出したとしたら…とにかく良いものを…そしてそれが彼を引き上げ、そこから彼が立ち直ったとしたらどうだい？

ナット ： この男が？ 俺が座っているここからは無理だよ。

ドンは急に立ち上がる。

ドン ： ああ、黙れ、ナット。僕はやる。今からやるんだ。すべてここにある。聞いてただろ。

ナット ： ああ、バーナムさん。

ドン ： だから僕はあの週末旅行に行かなかったんだ、な、あそこで独りになってタイプライターの前に座っていられるようにさ。今度こそ、僕はやるよ、ナット。僕はやるんだ。

■ come out
事実、秘密、結果などが「～になる、判明する」と言った意味合いで使われる。

■ Want me...
文頭の Do you が省略されたもの。

■ get wise to...
(俗) get wise to someone or something で to catch on to someone or something の意、すなわち「かぎつける」の意味を表して使われる。

■ get back
この表現は元の場所や状態に「戻る」や、Will you get back to me on this?(この件で折り返し電話してくれますか？)のように「折り返し電話する」など多くの意味を表すが、ここでは「取り返す」の意。

■ a buck
buck は「雄ジカ」だが、俗語で「ドル」を表す。開拓時代のアメリカでインディアンや開拓者たちが商人との取引でシカの皮を金の代わりとして使っていたことに由来すると考えられている。

■ Empire State Building
ニューヨーク市マンハッタンの33-34丁目の5番街にある高層ビルで、地上102階、381メートル。1931年に完成。屋上にテレビ塔を増設したため、全高449メートルとなった。

■ can do it for a nickel
ここでの a nickel は地下鉄のチケットを買うための5セントのこと。すなわち地下鉄で自殺することもできる、の意。

■ that pulls him up
pull up の「引き上げる」という基本的意味から、ここでは自暴自棄の状態にいる彼を引き上げる、すなわち「元気にする」といった意味合い。

■ snap out of...
snap の「パチッという、ひったくる」から「～からポンと飛び出す、引き出す」といったニュアンス。

■ It's all there
直訳「すべてはそこにある」とは「立ち直り、小説を書くためのすべてがすっかり整っている」ということ。

103

NAT	: Maybe you will.	
DON	: Thank you, Nat. Am I all paid up?	Am I all paid up ⊕
NAT	: Yes, Mr. Birnam.	
DON	: Goodbye, Nat. I'm going home. This time I've got it. I'm gonna write.	I've got it ⊕
NAT	: Good luck to you.	Good luck to you ⊕

Don leaves the bar.

INT. APARTMENT - DAY - Don starts typing his novel. He types the title, "THE BOTTLE A Novel by Don Birnam To Helen With All My Love." Losing concentration, he stops typing and lights a cigarette. He gets up and paces around the room. He notices an empty bottle and glass on the table and starts scouring the apartment for another bottle.

concentration 集中力, 精神の集中

scour 探し回る ⊕

DON : You had another bottle, you know I did. Where did you put it? You aren't crazy. Where did you put it?

Don searches behind some books, throwing them to the floor. He looks through the closet, scattering everything inside. Losing hope, he slumps down in the arm chair next to the empty bottle. He sees a matchbook behind the glass, which reads HARRY'S AND JOE'S Where Good Liquor Flows 13 W. 52nd St. NY.

look through 目を通す, 調べる
scatter まき散らす ⊕
slump down どさっと腰掛ける, どかっと腰を下ろす ⊕
matchbook マッチブック ⊕
flows 流れる ⊕

INT. HARRY'S AND JOE'S - NIGHT - Don goes to the bar on the machbook. A SINGER sings as he plays the piano in the crowded bar. A WAITER comes over to Don.

DON	: Check, please.	Check, please ⊕
WAITER	: Right here, sir.	

The waiter puts the check on his table. Don looks at it, then pulls out some money to see if he has enough. The waiter returns.

WAITER	: Yes, sir?	
DON	: Another gin vermouth, please.	gin vermouth ジン・ベルモット ⊕
WAITER	: Yes, sir.	

The Lost Weekend

ナット	:	やるかもしれないね。
ドン	:	ありがとう、ナット。勘定は全部払ったかな？
ナット	:	ええ、バーナムさん。
ドン	:	じゃあな、ナット。家に帰るよ。今度はちゃんとつかんだ。僕は書く。
ナット	:	幸運を。

ドンはバーを出る。

屋内－アパート－昼－ドンは小説をタイプし始める。彼はタイトルをタイプする。「『酒ビン』 ドン・バーナムの小説 愛を込めてヘレンに捧げる」。集中力を失い、打つのをやめ、タバコに火をつける。立ち上がって部屋の中をうろうろ歩き回る。テーブルの上の空のビンとグラスに目を留め、それから別のビンを求めてアパート中を探し始める。

ドン ： おまえはもう1本持っていた、僕が持っていたのを知っているだろう。おまえはそれをどこに置いた？ 狂っているわけじゃないだろう。どこに置いたんだ？

ドンは本の裏側を探し、それらを床に投げる。クローゼットの中を調べ、中の物を全部ぶちまける。希望を失い、空のビンの隣にある肘掛け椅子に座り込む。グラスの陰に紙マッチを見つけるが、そこには「ハリーとジョーの店 上質の酒が流れ出る所 ニューヨーク52番街西13番地」と書かれている。

屋内－ハリーとジョーの店－夜－ドンは紙マッチに載っているバーへ行く。混み合ったバーの中で歌手がピアノを弾きながら歌う。ウェイターがドンの方へ来る。

ドン ： 勘定、頼む。
ウェイター ： こちらでございます。

ウェイターは勘定書きをテーブルの上に置く。ドンはそれを見て、それから足りるかどうか確かめようと金を取り出す。ウェイターが戻ってくる。

ウェイター ： はい、お客様？
ドン ： ジン・ベルモットをもう一杯頼む。
ウェイター ： かしこまりました。

■ Am I all paid up?
「勘定はみんな済んでいるかな？」の意。pay up とは借金、料金などを「全額支払う、完済する」の意。
ex. Your dues are all paid up.(あなたの会費は全額支払われています)

■ I've got it
You've got it.(ご名答、その通り)といった具合に get it は「理解する、わかる」の意で使われる。ここでは「つかんだ」。

■ Good luck to you.
「幸運を祈る」
単に Good luck, Best of luck to you, Best of luck などともする。なお、Bad luck! は「ついてないね、お気の毒に」の意。bad に代わって hard, tough が使われることもある。

■ scour
この語は人や物を求めて場所を探し回る、あるいはあさり歩くことをいう。
ex. The police scoured the scene of the crime for clues.(警察は手がかりを求めて犯罪現場を探し回った)

■ scatter
ものを四方八方にまき散らす、すなわち strew のこと。

■ slump down
slump とは to fall or sink heavily のこと。そこから He slumped down on a bench.(彼はベンチにどかっと腰を下ろした)のように「崩れ落ちるように座る」といった意味合いで使われる。

■ matchbook
はぎ取り式の紙マッチのこと。「マッチ箱」は matchbox。

■ flows
酒が液体であることからこの語が使われたもの。

■ Check, please.
「会計をお願いします、勘定をしてください」
食堂、バーなどで勘定書を要求するときの決まり文句。May I have the check, please? はやや堅い表現。

■ gin vermouth
ジンとベルモットを混ぜたカクテル。なお、ジンとはオランダ原産の無色透明の蒸留酒で、ライ麦を原料に、ジュニパー・ベリーで香りをつけたもの。またベルモットとは白ワインを香料植物の葉、根、樹皮、ビターズその他で味付けした芳香のある酒。

The waiter takes back the check. Don sees a purse behind a woman who is snuggling with a man. Don slides his hand to the purse and pulls toward him. He covers the purse with his jacket and lifts it up inside. The waiter comes back with Don's drink. The waiter puts the check back down on the table.

DON : Thank you. Where is your washroom?
WAITER : Over there, sir.

Don goes into the washroom. An ATTENDANT is brushing the jacket of another CUSTOMER.

ATTENDANT: How's about a carnation for your buttonhole?
CUSTOMER: No, thank you.

The customer gives the attendant a tip.

ATTENDANT: Thank you, sir. (to Don) **Wash your hands?**

DON : Thank you.
ATTENDANT: All righty, sir.

The attendant puts a towel on the sink for Don.

DON : Would you wipe my shoes?
ATTENDANT: Yes, sir.

The attendant wipes Don's shoes, giving him a chance to take the money out of the woman's purse. He puts a carnation inside. The attendant stands up and brushes Don's jacket.

ATTENDANT: Carnation, sir?
DON : I already took one.
ATTENDANT: You did?
DON : For a very kind lady.
ATTENDANT: Yes, sir.
DON : Thank you.

Don gives the attendant a coin.

ATTENDANT: Thank you, sir.

---

purse ハンドバッグ
snuggle 寄り添う

washroom 洗面所, トイレ

customer 顧客

how's about... 〜はいかがですか
buttonhole ボタン穴

Wash your hands

all righty はい, 結構です

wipe ふく, きれいにする

carnation カーネーション
attendant 世話人, 従業員

ウェイターは勘定書きをまた取る。ドンは男と寄り添っている女の背後にあるハンドバッグを見る。ドンは手をハンドバッグの方に滑らせ、自分の方に引き寄せる。バッグを上着で覆い、その内側で引き上げる。ウェイターがドンの飲み物を持って戻ってくる。ウェイターはテーブルに勘定書きを戻す。

ドン　　　：ありがとう。洗面所はどこだい？
ウェイター：あちらでございます。

ドンは洗面所に入る。係員がもう1人の客の上着にブラシをかけている。

係員：ボタンホールにカーネーションはいかがですか？
客　：結構だ。

客は係員にチップを渡す。

係員：ありがとうございました。（ドンに）手をお洗いですか？
ドン：ありがとう。
係員：どういたしまして。

係員はドンのために洗面台にタオルを置く。

ドン：靴をふいてくれるかね？
係員：かしこまりました。

係員がドンの靴をふくと、女のバッグから金を取り出すチャンスが来る。彼はバッグの中にカーネーションを入れる。係員が立ち上がり、ドンの上着にブラシをかける。

係員：カーネーションはいかがですか？
ドン：もう1つもらったよ。
係員：そうですか？
ドン：とても親切な女性のためにね。
係員：そうでございますか。
ドン：ありがとう。

ドンは係員に硬貨を1枚渡す。

係員：ありがとうございました。

■ **purse**
婦人用の、特に肩ひものないハンドバッグを指す。ちなみに「札入れ」は wallet。

■ **snuggle**
心地よさや愛情を求めてすり寄ったり、寄り添ったりすること、すなわち nestle とか cuddle の意。

■ **washroom**
レストラン、ホテルなどの公共の場のトイレをいう。rest room（米）、cloakroom（英）などともいう。なお、個人宅のトイレは bathroom（米）、lavatory（英）。

■ **customer**
この語は商店やレストランなど商売の客。「訪問客、観光客」は visitor、「短時間の訪問客」は caller、「招待されて接待を受ける客」は guest、「弁護士など専門職の客」は client、「観客」は audience。

■ **how's about...**
How about... のことで提案、勧誘を表したり、意見を尋ねて「〜はどうですか？」という際の表現。What about...? ともする。
ex. How about a cup of coffee?（コーヒーは一杯いかがですか？）

■ **Wash your hands?**
文頭の Would you like to が省略されたもの。

■ **all righty**
all right のおどけた、あるいはカワイ子ぶった言い方。all rightie/rightee/rightey ともする。

■ **wipe**
靴を磨く場合は He polishes his own shoes.（彼は自分の靴を磨く）のように polish one's shoes、また polish に代わって shine を使う。

■ **carnation**
また、花言葉は紅が fascination（魅惑）、白が pure and ardent love（純粋な熱慕）。ただし、黄色の場合は disdain（侮蔑）なので注意。

Don goes back out into the bar. He finds the woman and man are no longer sitting at their table. The waiter has waited for Don's return with the HEADWAITER, the WOMAN and the man GEORGE.

WAITER	: That's him. That's the man.
HEADWAITER	: You were sitting here, sir?
DON	: I beg your pardon.

Everyone in the bar stands up. George approaches Don.

GEORGE	: You took this lady's bag, didn't you? All right, let's have it.
DON	: Of course.

Don takes the purse from his jacket and gives it to George.

GEORGE	: Somebody call a cop.
WOMAN	: No, George, no. It doesn't matter as long as I have the bag.
GEORGE	: Well, look in it. Maybe he took something.

Don takes out a ten dollar notes from his jacket.

DON	: Ten dollars, to be exact.
GEORGE	: Why, I ought to kick your teeth in.

George grabs Don by his jacket, but the woman restrains him.

WOMAN	: George, George! He's drunk.
HEADWAITER	: (v.o.) Come on. Get out of here.

George leads Don out, but the waiter blocks his way.

WAITER	: How about the check?
DON	: That's why I had to borrow from the lady. I didn't have enough. I'll come back and pay the rest.
HEADWAITER	: Don't you show your face in here again, ever. Mike!

ドンはバーに戻る。彼は先ほどの女と男がもうテーブルには座っていないのを知る。ウェイターは給仕長、女、それに男ジョージと共に、ドンが戻ってくるのを待っていた。

ウェイター ：彼です。この男です。
給仕長 ：こちらにお座りでしたか？
ドン ：どういうことです。

バーの誰もが立ち上がる。ジョージがドンに近付く。

ジョージ ：この女性のバッグを盗っただろう、え？ さあ、返してもらおう。
ドン ：もちろん。

ドンは上着からバッグを取り出し、ジョージに渡す。

ジョージ ：誰か警官を呼んでくれ。
女 ：やめて、ジョージ、やめてよ。バッグが戻ってきたんだからもういいの。
ジョージ ：いや、中を見てみろ。何か盗ったかもしれない。

ドンは上着から10ドル札を取り出す。

ドン ：10ドル、ちょうどだ。
ジョージ ：おい、痛い目に遭わしてやるぞ。

ジョージはドンの上着をつかむが、女が彼を止める。

女 ：ジョージ、ジョージ！ この人酔っ払いよ。
給仕長 ：（画面外）さあ、ここから出ていけ。

ジョージはドンを外に連れ出そうとするが、ウェイターがさえぎる。

ウェイター ：勘定はどうなったんです？
ドン ：だからこの女性から借りなければならなかったんだ。足りなかったからね。今度来て残りは払うよ。
給仕長 ：もう二度とここに顔を出さないでもらいたい。マイク！

■ no longer...
I no longer love her.（彼女をもう愛していない）は I don't love her any longer. といった具合に not...any longer ともされる。

■ headwaiter
ここでの head は a head cook（クック長）、a head office（本店、本社）のように、地位、身分、階級などが「第一の、最上の、主要な」を意味する。

■ I beg your pardon.
「すみませんがもう一度おっしゃってください、何ですか」
相手の言葉を聞きただすとき、相手に異議を唱えるとき、また人に対して失礼な行為があったときなどに「ごめんなさい」とわびるときなどの決まり文句。なお、わびの言葉として使った場合は I'm sorry より丁寧な表現。

■ cop
police officer のこと。「男の警官」は policeman、「婦人警官」は policewoman。なお、cop とか copper はかつて軽蔑的な意味が含まれているため、面と向かって使ってはならないとされていたが、今日では親しみの込もった語として捉えられるようになっている。

■ as long as...
この表現は You can stay here as long as you like.（好きなだけここにいてもいいですよ）のように「～の間」とか、He played the guitar as long as ten hours.（彼は10時間もの間、ギターを弾いた）のように「～もの長い間」の意でも頻繁に使われる。

■ why
ここでは抗議、反駁などの間投詞。

■ kick your teeth in
文字通りの訳「けり飛ばしておまえの歯をのめり込ませる」から「たたきのめしてやる、ひどい目に遭わせてやる」。

■ restrain
She restrained her emotions.（彼女は感情を押し殺した）のように行為、感情などを抑制すること。すなわち hold back とか prevent の意。

■ the waiter blocks his way
block は「阻止する」、one's way は He got in her way.（彼は彼女の邪魔をした）のように「進路、行く手」の意。

WAITER : Mike!
HEADWAITER: Take him out of here.

Mike comes over and helps the waiter take Don out of the bar.

SINGER : (singing) **Somebody stole the purse, Everybody, somebody stole the purse.**
DON : I assure you, I'm not a thief. I'm not a thief!

Everyone joins in singing.

EVERYONE: (singing) **Somebody came and took it away...he didn't even...**

Don is thrown out onto the sidewalk. People stare at him as he walks off.

INT. APARTMENT - NIGHT - Don climbs the stairs to the apartment door. He enters the room, which is a mess. He flops down on the recliner. Looking at the ceiling, Don notices the reflection of a bottle in the lightshade. He gets himself a chair and climbs up to get it. He drinks the rye straight from the bottle.

---

helps the waiter take... ↻

I assure you 断言する, はっきり言っておく ↻
thief 泥棒, 盗人 ↻

he didn't even... ↻

mess 乱雑状態
flop down ばったり倒れる ↻
recliner もたれ椅子 ↻
reflection 反射, 投影
straight 直接に, じかに

ウェイター	：	マイク！
給仕長	：	この男をここからつかみ出すんだ。

マイクがやってきて、ウェイターがドンをバーから追い出すのを手伝う。

歌手	：	（歌って）バッグを盗ったやつがいる、皆さんご一緒に、バッグを盗ったやつがいる。
ドン	：	はっきり言うが、僕は盗人じゃない。僕は盗人じゃないぞ！

全員が歌に加わる。

全員	：	（歌って）誰かがやってきて、そして盗んだ…やつはないのに…

ドンは歩道に放り出される。人々がじっと見る中、彼は歩いて立ち去る。

屋内－アパート－夜－ドンはアパートのドアまで階段を上がっていく。部屋に入るが、散らかっている。彼は安楽椅子にばったりと倒れる。天井を見ると、ドンは電灯のかさの中にある酒ビンの影に気づく。彼はビンを取ろうと椅子を引き寄せ、上に乗る。そのビンから直接ライ・ウイスキーを飲む。

■ helps the waiter take...
He helped her wash the dishes.（私は彼女が皿を洗うのを手伝った）のように「S + help + O + do」の型で「SはOが～するのを手伝う」の意を表す。なお、to wash ともするが、to を省略した原形不定詞を従えるのは米国語法。

■ I assure you
assure は「確信を持って言う、断言する」の意。そのため、この表現は She'll be all right, I assure you.（きっと彼女は大丈夫ですよ）のように、相手を安心させたり、力づけて使われることが多い。

■ thief
この語はこっそり人の品物とか財産を奪う者について使われる一般的なもの。複数形は thieves。robber は暴力や脅迫で物を奪う人、強盗のこと。特に夜の押し込み強盗は burglar、昼間の押し込み強盗は housebreaker。

■ he didn't even...
次に have money があるものと考える。

■ flop down
flop とは突然音を立ててばったり、どすんと倒れること。

■ recliner
reclining chair のこと。

Dying for Alcohol

INT. APARTMENT - MORNING - The ringing phone wakes Don. He reluctantly gets up and goes to the phone, but doesn't answer it.

DON	: Stop it, Helen, stop it, stop it. I'm all right. I just can't talk. Please, stop it.

Don pours the remaining drips of rye in the bottle into the glass. He does the same with another empty bottle. He drinks the rye from the glass. He checks how many coins he has on him, then turns to see the typewriter. He pulls out the paper, and puts the cover on it. Don takes the typewriter and goes to get his hat in order to go outside.

DON	: (to himself) **You'll never make it. You'll never make that hock shop. It's a block and a half away.**

The phone begins to ring, but again Don ignores it and goes out the door.

EXT. STREET - DAY - Don walks along the sidewalk carrying the typewriter. He arrives at the loan shop, but the gate is shut. He inquires to a WOMAN with a baby.

DON	: This isn't Sunday, is it?
WOMAN	: Huh?
DON	: I asked is this Sunday.
WOMAN	: No, Saturday. Why?
DON	: But, it's closed. Nothing else is closed.
WOMAN	: Somebody passed away, most likely.

reluctantly しぶしぶと，いやいやながら
answer 返答する

remaining 残った，残りの
drip 滴，したたり
he has on him
pull out 引き出す，引き抜く
in order to... ～するために

make it うまくいく，たどり着く
a block and a half way 1ブロック半

ignore 無視する，相手にしない

loan shop 質屋
inquire 尋ねる，聞く

pass away 死ぬ
mostly likely きっと，十中八九

112

酒が欲しくて

TIME 01:01:09
□□□□□□

屋内－アパート－朝－電話のベルがドンを起こす。彼はしぶしぶ起き上がり電話の方へ行くが、電話には出ない。

ドン ： やめてくれ、ヘレン、やめろ、やめてくれ。僕は大丈夫だ。話せないだけなんだ。お願いだから、やめてくれ。

ドンはビンに残っている数滴のライ・ウイスキーをグラスに注ぐ。同じことをもう1本の空のビンでもする。そのグラスからライ・ウイスキーを飲む。手持ちの小銭が何枚あるか数え、それから振り向いてタイプライターを見る。彼は紙を取り出し、カバーを掛ける。ドンはタイプライターを手に取り、外出のために帽子を取りに行く。

ドン ： （独り言で）できるはずない。あの質屋まではとても行けない。1ブロック半も先だ。

電話が鳴り始めるが、ドンはまた無視し、ドアから出る。

屋外－通り－昼－ドンはタイプライターを持って歩道を歩く。彼は質屋に着くが、ゲートが閉まっている。彼は赤ん坊を抱えた女性に尋ねる。

ドン ： 今日は日曜日じゃない、ですよね？
女性 ： え？
ドン ： 今日は日曜日かと聞いたんだ。
女性 ： いいえ、土曜日よ。なぜ？
ドン ： しかし、ここは閉まっているじゃないか。ほかはどこも閉まってないのに。
女性 ： どなたかが亡くなったんでしょう、たぶん。

■ answer
answerは「返答する」を意味する最も一般的な語。ここから電話や玄関に「答える」、すなわち「出る」の意を表して使われる。

■ he has on him
ここでのonはShe has a ring on her ring finger.（彼女は薬指に指輪をはめている）のように所持、着用を表して「持って、身につけて」を意味する前置詞。

■ pull out
この表現はHe pulled out a wallet.（彼は札入れを取り出した）のように「引っ張り出す」のほかに、The train pulled out of Tokyo on time.（列車は定刻に東京を出ていった）のように「出発する、立ち去る」の意でよく使われる。

■ in order to...
She left early in order to avoid the rush hour.（彼女はラッシュアワーを避けるために早く出発した）のように、so as to doや「to + 不定詞」と同じ意味だが、それに比べ堅い言い方。

■ make it
この表現はsucceedとかreach a certain point or goalを意味するが、ここでは後者。

■ a block and a half way
blockとは「一区画」のことで、ニューヨークは東西と南北を走る道路により基盤の目のような町並みになっている。

■ loan shop
通例、loan officeという。pawnbroker's shop（質屋）のこと。

■ inquire
I inquired her name.（私は彼女の名前を尋ねた）のようにaskの意を表す形式張った語。

■ pass away
dieの婉曲的な表現。「崩御される」とする場合はdemise。

Don carries on walking down the street. He crosses the street to A. BLOOM LOAN OFFICE, but it is also locked. Another loan shop, UNITED PLEDGE SOCIETY, is also closed for the day. Exhausted, Don stops outside a closed pawn shop. A MAN inquires after Don.

MAN	: What's the matter with you?
DON	: Why are they all closed? They're all closed, every one of 'em.
MAN	: Sure they are. It's Yom Kippur.
DON	: It's what?
MAN	: It's Yom Kippur, a Jewish holiday.
DON	: It is? Then what about Kelly's and Gallagher's?
MAN	: They're closed too. We've got an agreement. They keep closed on Yom Kippur and we don't open on St. Patrick's.
DON	: That's a good joke. That's funny, that's very funny.

INT. NAT'S BAR - DAY - Nat is playing dice with some customers when Don bursts through the door and slumps onto the bar counter.

DON	: Nat.
NAT	: Yeah, Mr. Birnam? What do you want?
DON	: Let me have one, Nat. I'm dying. Just one.
NAT	: I thought you was home writin' that book.
DON	: They're playing a trick on me. A dirty trick, Nat. Give me one. I'll pay it when I can. Only just don't let me die here.
NAT	: No credit, and you know it.
DON	: All right, it's charity. I'm begging you. Give me one, Nat.
NAT	: Yeah, one. One's too many and a hundred's not enough.

Nat pours a shot glass of whiskey for Don. He trembles as he drinks it all in one go.

ドンは通りを歩き続ける。彼は通りを渡り「ブルーム質店」へ行くが、そこもまた鍵が掛かっている。別の質屋「質権連合組合」もまたその日は閉まっている。疲れ果てて、ドンは閉まっている質屋の外で立ち止まる。1人の男がドンの様子を尋ねる。

男 : どうかしましたか？

ドン : どうしてどこもみな閉まってるんだ？　みんな閉まってる、どこもかしこもだ。

男 : そりゃそうです。ヨーム・キップールですからね。

ドン : 何だって？

男 : ヨーム・キップール、ユダヤの祭日ですよ。

ドン : へえ？　じゃあ、ケリーの店とギャラガーの店は？

男 : そこも閉まってますよ。ここには協定があってね。ヨーム・キップールには彼らは店を閉める。そして、私たちも聖パトリックの祭日には店を開けないんですよ。

ドン : そりゃあいい冗談だ。おもしろい、実におもしろい。

屋内－ナットのバー－昼－ナットが数人の客とダイスをしていると、ドンがドアから飛び込んできてバーカウンターにどすんと倒れ込む。

ドン : ナット。

ナット : ああ、バーナムさん？　何の用で？

ドン : 一杯くれ、ナット。死にそうだ。一杯だけでいい。

ナット : 家で例の本を書いてるんだと思ってたが。

ドン : やつら僕をペテンにかけてやがる。汚い手だ、ナット。一杯くれ。払えるときに払うから。せめてここで死なせないでくれ。

ナット : ツケはだめだ、わかってるだろう。

ドン : わかった、恵んでくれ。頼むから。一杯でいい、ナット。

ナット : ああ、一杯ね。一杯でも多過ぎるのに100杯でも足りない。

ナットはドンのためにウイスキーをショットグラスに注ぐ。彼は震えながらそれを一気に飲む。

■ carry on...
She carried on talking.(彼女は話し続けた)のように continue doing と同じ。

■ United Pledge Society
pledge とは借金支払い、約束履行の保証として「質物、担保品」の意で、質屋にふさわしい語。

■ exhausted
= extremely tired; busted; dead tired; spent; tired out; worn out

■ Yom Kippur
Day of Atonement のこと。ユダヤ教の大祭日。グレゴリオ暦9-10月の10日に当たり、断食をしてシナゴーグで終日懺悔の祈りを唱える。

■ Kelly's and Gallagher's
この両者はユダヤ人ではなく、アイルランド人じゃないか、ということ。ちなみに、これらはアイルランドに多い名前。

■ St. Patrick's
St. Patrick's Day のこと。アイルランドの守護聖人 St. Patrick を記念したアイルランド人の祭りで、アイルランド系の人が多いニューヨークでも3月17日にアイルランドの国の色である緑を身につけて祝う。

■ play dice
ここでの play は遊戯、競技などを「する」ということ。そこから「トランプをする」は Let's play cards.(トランプ遊びをしよう)のように play cards。また play at cards。「野球をする」は play baseball。「ゴルフをする」は play golf とする。

■ you was home
you were home とすべきところ。

■ tremble
興奮、寒さ、臆病、恐怖、熱などで身震いすること。
ex. She trembled in fear when she saw a ghost.(彼女は幽霊を見て恐怖でぶるぶる震えた)

NAT	: That's all.	
DON	: Oh, come on Nat, come on. I'll let you have my typewriter.	
NAT	: I'm no writer. You're the writer.	I'm no writer ↺
DON	: Please, Nat.	
NAT	: Now go, go away.	
DON	: Please, Nat.	
NAT	: I mean it. Get outta here.	I mean it 本気だよ, 本気で言っているんだ ↺ Get outta here ↺

EXT. / INT. STREET / GLORIA'S APARTMENT - DAY - Don groggily walks down the sidewalk clutching his typewriter. He sees a wooden Indian statue which points upward. Don looks up, then goes inside an apartment building. He climbs the stairs, at the top of which he pushes the doorbell to Gloria's apartment.

groggily ふらふらと, ぐらつきながら
clutch つかむ, しっかり握る
statue 像
doorbell to...apartment ↺

GLORIA	: (v.o.) Who is it?	

Don pushes doorbell again.

GLORIA	: (v.o.) Who is it?	
DON	: It's me.	

Gloria comes to the door.

GLORIA	: Well, Mr. Don Birnam, as I live and breathe! Only if you're comin' for our date, you're a little late, aren't you, Mr. Birnam? And if you're comin' to apologize...no thanks. Thanks a lot, but no thanks.	as I live and breathe ↺ only if... 単に〜でさえあれば, 〜の場合にだけ ↺
DON	: Gloria...	
GLORIA	: Save your saliva. I've had enough of you. Def, but def. What do you think I am? I break a business date. I buy me an evening purse, a facial, a new hair-do. Well, maybe you can do that to your ritzy friends. But you can't to me, understand?	Save your saliva ↺ I've had enough of you ↺ evening purse 夜会用のハンドバッグ ↺ hair-do 髪型 ↺ ritzy 派手な, 上品な ↺
DON	: Gloria.	
GLORIA	: Okay, what do you want, Mr. Don Birnam Esquire?	Mr. Don Birnam Esquire ドン・バーナム殿 ↺

ナット	:	それで終わりです。
ドン	:	ああ、頼むよ、ナット、頼む。僕のタイプライターをやるから。
ナット	:	俺は物書きじゃあない。あんたが物書きだ。
ドン	:	お願いだ、ナット。
ナット	:	さあ、行って、帰ってくれ。
ドン	:	お願いだから、ナット。
ナット	:	本気で言ってるんだ。出ていってくれ。

屋外/屋内－通り/グロリアのアパート－昼－ドンはタイプライターを抱えてふらふらと歩道を歩く。上を指している木彫りのインディアンの像を見る。ドンは見上げ、それからアパートの建物に入っていく。階段を上がり、その一番上でグロリアのアパートのドアベルを押す。

グロリア	:	(画面外) どなた？

ドンはドアベルをもう一度押す。

グロリア	:	(画面外) どなたなの？
ドン	:	僕だ。

グロリアがドアまで来る。

グロリア	:	まあ、ドン・バーナムさん、これは、これはお久しぶりだこと！ もしデートの約束で来てくれたのなら、少し遅いんじゃない、でしょう、バーナムさん？ それから、もし謝りに来てくれたのなら…結構よ。どうもありがとう、でも結構よ。
ドン	:	グロリア…
グロリア	:	何にも言わないで。もうあなたにはうんざり。本当よ、まったく本当に。あたしを何だと思ってるの？ 仕事の約束も断ったのよ。イブニングバッグも買ったし、美顔術も、新しいヘアスタイルもしてもらったの。ねえ、あなたの上流のお友達にはそんなことをなさってもいいのかもしれないけど。でもあたしにはだめよ、わかった？
ドン	:	グロリア。
グロリア	:	いいわ、何の用なの、ドン・バーナム殿？

■ I'm no writer
ここでの no は「決して～ではない、～どころではない」との意で I'm not a writer. より否定の意味が強い。

■ I mean it
I mean what I say ということ。

■ Get outta here.
「ここから出ていけ」
人を追い出す際の決まり文句。ここでの outta は out of を発音通りに綴ったもの。

■ groggily
この語は極度の疲労、衝撃、睡眠不足、病気、疲労などでふらふらする様子をいう。

■ doorbell to Gloria's apartment
ここでの to は Is this the key to your car? (これは君の車のキーかね？) のように付加、付属具を表して「～の、～に属する」を意味する。

■ as I live and breathe!
久しぶりに知り合いと出会ったときの驚きを表す古風な表現。

■ only if...
Only if he goes there, will I go too. (そこへ彼が行く場合にだけ、私も行く)

■ Save your salive
「よだれを節約しなさい、よだれをたらさないで」の意だが、Save your breath (黙って、無駄なことは言わないで) の意で使われたもの。

■ I've had enough of you
ここでの enough は Enough is enough. (もううんざり) のように「たくさん、うんざりして」の意を表す。

■ evening purse
evening bag (イブニングバッグ) とか evening dress (イブニングドレス) からもわかる通り、女性が正装してパーティなどに持っていく小さなハンドバッグ。

■ hair-do
hairdo ともする。複数形は hairdos。

■ ritzy
elegant, fancy, fashionable を意味する俗語で、ニューヨークの Ritz ホテルに由来する語。しばしば皮肉で使われる。

■ Mr. Don Birnam Esquire?
Esquire は「殿、様」を意味する非公式な尊称。手紙の宛名や公式文書の中で Thomas Jefferson, Esq. のように氏名の後に省略形で用いる。ここでは皮肉で「ご立派な～様」の意味合いで使われたもの。

DON	: I need some money.	
GLORIA	: You what?	
DON	: Could you let me have some money?	
GLORIA	: Say, you out of your mind? Don't be ridic. Get out of here. Make with those stairs, go on!	out of one's mind 気の狂った make with... ～を使う

Don kisses Gloria.

GLORIA	: I waited half the night like it was the first date I ever had. The other half I was crying. How much money?	
DON	: Could you let me have ten or a five, or something?	or something ～か何か
GLORIA	: I'll see.	

Gloria goes inside to get her purse. She gives some money to Don.

GLORIA	: You look awfully sick, Mr. Birnam. Have you got a fever or something?	awfully とても, すごく fever 高熱, 発熱
DON	: I'm all right now.	
GLORIA	: Thank you a lot. You do like me a little, don't you, honey?	
DON	: Why, natch, Gloria. Natch.	

GLORIA'S MOTHER calls from inside as Don leaves.

MOTHER	: (v.o.) Gloria, who have you got out there?	
GLORIA	: Coming.	

Gloria goes inside. As Don descends the stairs, a GIRL runs up, running a stick against the bannisters.

descend 下りる, 降りる

GIRL	: It's a happy, happy, happy day...

Don stands aside. Losing his balance, he reaches for the lampshade, but it comes off and he crashes down the stairs.

come off 取れる, 外れる
crash down 大きな音を立てて落ちる

DON	: Ah!

ドン	:	少し金がいるんだ。
グロリア	:	何ですって？
ドン	:	金を少し貸してもらえないかな？
グロリア	:	ねえ、あなた頭がどうかしちゃったの？　ばかなこと言わないで。ここから出ていって。そこの階段を使って、さあ早く！

ドンはグロリアにキスをする。

グロリア	:	あたし、生まれて初めてのデートみたいに一晩の半分を待っていたのよ。残りの半分は泣いていたわ。いくら？
ドン	:	10ドルか5ドルか、それくらい貸してもらえないか？
グロリア	:	見てみるわ。

グロリアはバッグを取りに中に入る。彼女は、ドンにいくらか金を渡す。

グロリア	:	ひどく具合悪そうね、バーナムさん。熱があるか何かじゃないの？
ドン	:	もう大丈夫だ。
グロリア	:	どうもありがとう。あたしのこと、少しは好きよね、あなた？
ドン	:	そりゃあ、もちろん、グロリア。もちろんだよ。

ドンが出ていくときグロリアの母親が中から呼びかける。

母親	:	(画面外) グロリア、そこに誰が来てるの？
グロリア	:	今行くわ。

グロリアは中へ入る。ドンが階段を下りるとき、少女が1人、手すりの柱を棒でたたきながら駆け上がってくる。

少女	:	楽しい、楽しい、楽しい日…

ドンは脇によける。バランスを失い、ランプシェードに手を伸ばすが、それが外れ彼は階段を転げ落ちる。

ドン	:	ああ！

■ out of one's mind
心配、後悔などのために「取り乱した」の意でもよく用いられる。out of one's senses、off one's head ともする。

■ make with...
東欧系のユダヤ人、またそのアメリカへの移民たちによって用いられるイディッシュ語 mach mit の翻訳借用語。

■ or something
断言を避けるあいまいな付け足しの表現。
ex. Are you married or something?（あなたは結婚か何かしてますか？）

■ awfully
= very; excessively; extremely; greatly; indeed; terribly; very much

■ fever
この語は正常より高い熱のみを指す。そのため「平熱」は normal temperature という。なお、「熱がある」は have a fever、「熱がない」は have no fever、「少し熱がある」は have a little/slight fever.

■ descend
He descended from the train.（彼は列車から降りた）のように go down を意味する語。この反対に rise とか climb は ascend。
cf. The airplane ascended into the sky.（その飛行機は空中へと上昇していった）

■ crash down
crash とは砕けるような「すさまじい音を立てる」の意。そのため、The door crashed shut. とすると「ドアはすさまじい音を立てて閉まった」となる。

Alcoholic Ward

INT. HOSPITAL - MORNING - *Don wakes up in the alcoholic ward of a hospital. A man in the bed next to Don keeps on mumbling. Another patient stares as Don asks him some questions.*

DON	: What's this place? Hey, you, what is this place? I'm talking to you.

The man walks off. BIM NOLAN the nurse enters and checks Don.

BIM	: Good morning, merry sunshine. How's your head?
DON	: Where am I? What is this place?
BIM	: This? This is the Hangover Plaza.
DON	: What hospital is this?
BIM	: Alcoholic Ward. How's your head?
DON	: It aches.
BIM	: Thought you had a fracture till we looked at the X-rays. Everything in one piece. Just a slight concussion.
DON	: Why did they put me in the Alcoholic Ward?
BIM	: Are you kiddin'? We had a peek at your blood. Straight applejack. Ninety-six proof.
DON	: What day is it?
BIM	: Sunday.

Bim holds out some keys.

BIM	: Are these yours? You and the colored fellow were being undressed at the same time. They fell out of somebody's pants.

アルコール中毒患者病棟

TIME 01:11:32

屋内－病院－朝－ドンは病院のアルコール中毒患者の病室で目が覚める。ドンの隣のベッドの男がぶつぶつ言い続けている。別の患者は、ドンが彼にいくつか質問をする間、目を見開いてじっと見ている。

ドン ： ここはどこだ？　なあ、あんた、ここは何なんだ？　あんたに話しかけているんだぞ。

その男が立ち去ると、看護師ビム・ノーランが入ってきてドンを診る。

ビム ： おはよう、良い陽気だね。頭の具合はどう？

ドン ： 僕はどこにいる？　ここはどこだ？
ビム ： ここ？　ここは二日酔い広場ですよ。
ドン ： 何の病院だ？
ビム ： アルコール中毒患者の病室。頭の具合は？
ドン ： 痛むよ。
ビム ： レントゲンを見るまでは骨折したかと思ったんだが。すべて問題なし。軽い脳振とうだったよ。

ドン ： どうして僕をアル中病室に入れたんだ？

ビム ： 冗談だろう。あんたの血液をのぞいてみたんだが、ストレートのアップルブランデー。アルコール濃度96度だ。

ドン ： 何曜日だ？
ビム ： 日曜。

ビムは鍵束を差し出す。

ビム ： これはあんたのか？　あんたと黒人の男が同時に服を脱がされたもんだから。誰かのズボンから落ちたんだよ。

■ **alcoholic ward**
ward とは a critical ward (重症患者病棟) といった具合に病院の特定の患者のための病棟、病室。

■ **keeps on mumbling**
keep on... とは「～を続ける」。また mumble は to speak unclearly in a low voice, すなわち「ぶつぶつ言う、もぐもぐ言う」の意。

■ **patient**
医者にかかっている病人のことをいう。なお、「入院患者」は an inpatient, 「外来患者」は an outpatient。

■ **nurse**
特に看護婦をいうが、男女ともに用いられる。呼びかけるときは、Nurse! と言う。なお、「正看護士」は registered nurse, 「準看護士」は licensed practical nurse。また正規の訓練を受けていない「準看護士」の場合は practical nurse, 「派出看護士」は visiting nurse, 「看護士長」は chief nurse。

■ **merry sunshine**
名前を知らない人への陽気な、または反語的な呼びかけ。

■ **hangover plaza**
hangover とは「二日酔い」、すなわち headache and sickness from drinking too much alcohol のこと。

■ **Thought**
文頭の I が省略されたもの。

■ **in one piece**
entirely undamaged or unharmed のことで、all in one piece ともする。

■ **applejack**
発酵させたリンゴ酒を蒸留して造ったブランデー。

■ **proof**
アルコール飲料の標準強度。

■ **pants**
trousers より意味が広く、shorts などを含むこともある。なお、ズボンの数え方は a pair of pants (ズボン1つ), two pairs of pants (ズボン2つ) とする。

Don takes the keys.

DON : They're mine. You a doctor?
BIM : I'm a nurse. Name of Nolan. They call me Bim. You can call me Bim. What's your name?

Bim takes out his notebook and starts writing.

DON : Birnam.
BIM : What kind of Birnam? | What kind of Birnam ◊
DON : Don Birnam.
BIM : Where do you live?
DON : Two-o-nine East Fif...what do you need that for? | two-o-nine 209番地
what...for 何で, どうして ◊
BIM : For the postcard. | postcard はがき ◊
DON : What postcard?
BIM : To your folks, so they'll know where honey-boy is and can pick him up when he's feeling better. | honey-boy 大切な息子, かわいい坊や ◊
pick up 迎えに来る ◊
DON : No address.
BIM : Okay. We'll get it out of the phone book, or the directory, or your wallet. | directory 住所氏名録, 人名簿
DON : Look, no postcard. Understand? Nobody's gonna pick me up.
BIM : The management insists. If we let you guys go home alone a lot of you don't go home. You just hit the nearest bar and bounce right back again. What we call the Quick Ricochet. | the management 経営者側, 管理側
insist 強く要求する
hit 出くわす, 行く ◊
bounce right back again また跳ね返ってくる
quick ricochet 急速跳ね返り ◊
DON : Look, I'm as well as you are. I can get out of here right now. | as well as... ～と同じように健康で
BIM : Think so? | Think so ◊

Don stands up.

DON : Where are my clothes?
BIM : Downstairs. | downstairs 階下, 下の階 ◊
DON : How do I get out of this place?

ドンは鍵束を取る。

ドン　　：そいつは僕のだ。あんたは医者か？
ビム　　：看護師だ。名前はノーラン。みんなは俺のことをビムと呼ぶ。あんたもビムと呼んでくれ。あんたの名前は？

ビムはノートを取り出して書き始める。

ドン　　：バーナム。
ビム　　：どんなバーナム？
ドン　　：ドン・バーナム。
ビム　　：住まいは？
ドン　　：209、東5…どうしてそれが必要なんだ？
ビム　　：はがきのためだよ。
ドン　　：何のはがきだ？
ビム　　：あんたの家族にさ、そうすればかわいい坊やの居場所がわかって、具合が良くなったら迎えに来られるだろう。
ドン　　：住所はない。
ビム　　：よろしい。電話帳か、住所氏名録か、あんたの財布から見つけよう。
ドン　　：なあ、はがきはだめだ。いいか？ 誰も僕を迎えには来ない。
ビム　　：上の連中が要求している。もしあんたらを独りで家に帰したら、あんたらの多くは家に帰らない。すぐいちばん近いバーに行って、ここにまた跳ね返ってくるのさ。われわれが呼ぶところの「素早い跳ね返り」だよ。
ドン　　：いいか、僕はあんたと同じくらい健康なんだ。今すぐここを出られる。
ビム　　：そう思うか？

ドンは立ち上がる。

ドン　　：僕の服はどこだ？
ビム　　：下の階さ。
ドン　　：ここを出るにはどうする？

■ **What kind of Birnam?**
直訳「どういう種類のバーナムだ？」とは「何バーナムだ？」ということ。

■ **what...for**
What are you doing that for?（何でそんなことをしているんだ？）のように why を意味する。

■ **postcard**
「往復はがき」は prepared postcard, double postal card とする。ただし、英米にはない。なお、「はがきを出す」は send a postcard、「はがきを受け取る」は receive a postcard、「はがきを書く」は write a postcard。

■ **honey-boy**
ここでの honey は「蜂蜜のように甘い」から「かわいい、いとしい」、すなわち dear を意味する。

■ **pick up**
この表現には多くの意味があるが、ここでは I'll pick you up at 10:30.（君を10時30分に迎えに行くよ）のように「（乗り物に）乗せる」の意。なお、この表現は She picked up the English language in a few months.（彼女は数か月で英語を覚えた）のように言葉や技術などを「習得する」、He picked her up at the dance.（彼は彼女とダンスパーティで知り合った）のように異性を「ナンパする、知り合いになる」、Where did you pick up that book?（君はどこでその本を手に入れたんだ？）のように物をバーゲンなどで、あるいは偶然「手に入れる、買う」、I picked up a bad cold.（悪い風邪をうつされた）のように病気などを「うつされる」などの意でよく使われる。

■ **hit**
ここでの hit は「たたく」ではなく「行き当たる」、また偶然に、あるいはうまく「見つける」の意を表す。

■ **quick ricochet**
ricochet とは弾丸などの「跳ね返り」の意。医学用語ではない。

■ **Think so?**
文頭の Do you が省略されたもの。

■ **downstairs**
ここでは名詞だが、He went downstairs.（彼は下の階へ下りて行った）のような場合は副詞。なお、反対の「上階」は upstairs。

BIM	: Right through there.	

Don walks out of the ward into a waiting room full of patients waiting for treatment. Don tries to open a locked door next to a GUARD.

waiting room 待合室 ↻
treatment 治療, 手当 ↻

GUARD	: Well, where do you think you're going?	
DON	: To get my clothes.	
GUARD	: Got your discharge?	Got your... ↻ discharge 解放, 出所 ↻
DON	: My what?	
GUARD	: Your release?	release 解放, 放免
DON	: I'm all right. Let me out.	

A nurse comes through the door. Don tries to go through, but the guard blocks him.

GUARD	: Get back there, go on.	
DON	: Keep your hands off me.	Keep your hands off me ↻
BIM	: Birnam. Come here, Birnam.	

A nurse gives Bim a small glass of liquid. He leads Don back into the ward and to his bed.

DON	: Is this a jail?	jail 刑務所, 拘置所 ↻
BIM	: Well, this department...sort of a halfway hospital, halfway jail.	department 部門, 部署 sort of いくぶん, やや ↻ halfway 中間の, 半分の
DON	: Listen, Bim, in my clothes there's five dollars. That's all for you if only you won't send that post card.	
BIM	: Nothing doing.	Nothing doing ↻
DON	: I don't want anybody to know.	
BIM	: Your folks might as well get used to our little post cards.	might as well do 〜した方がいい, 〜する方がましだ get used to... 〜に慣れる ↻
DON	: What are you talking about?	
BIM	: There'll be more of 'em. You'll be back.	more of 'em ↻
DON	: Oh, shut up.	
BIM	: Listen, I can pick an alky with one eye shut. You're an alky, you'll come back. They all do.	pick 選ぶ, あばく alky アルコール中毒患者, 大酒飲み ↻

The Lost Weekend

ビム　　：あそこから出るんだ。

ドンは歩いて病室から治療を待っている患者でいっぱいの待合室に出る。ドンは監視員の隣の鍵の掛かっているドアを開けようとする。

監視員　：ちょっと、どこへに行くつもりだね？
ドン　　：服を取りに。
監視員　：退院許可証はお持ちで？
ドン　　：私の何を？
監視員　：あんたの退院証明書さ？
ドン　　：僕は大丈夫だ。出してくれ。

看護師が1人ドアからやってくる。ドンは通り抜けようとするが、監視員がふさぐ。

監視員　：そこへ戻りたまえ、さあ。
ドン　　：僕に触るな。
ビム　　：バーナム。こっちに来い、バーナム。

看護師がビムに液体の入った小さなグラスを渡す。彼はドンを病室に、それからベッドに連れていく。

ドン　　：ここは刑務所か？
ビム　　：まあ、この部署は…半分病院で、半分刑務所といったところかな。
ドン　　：なあ、ビム、僕の服の中に5ドルある。もしものはがきを出さないでくれるなら、そっくりあんたにやるよ。
ビム　　：お断りだね。
ドン　　：誰にも知られたくないんだ。
ビム　　：あんたの家族もわれわれのささやかなはがきに慣れた方がいい。
ドン　　：何を言ってるんだ？
ビム　　：そいつがもっと送られることになるだろうからさ。あんたは戻ってくるよ。
ドン　　：おい、黙れ。
ビム　　：いいか、俺は片目をつぶっていてもアル中はわかるんだ。あんたはアル中だから戻ってくるよ。みんなそうさ。

■ waiting room
駅、病院などの待合室。ホテルなどの待合室は lounge とか lobby。

■ treatment
「治療中である」は be under medical treatment、「～の応急手当を人に施す」は give a person (an) immediate treatment for…。
ex. He received treatment for stomach cancer.（彼は胃ガンの治療を受けた）

■ Got your...
文頭の Have you が省略されたもの。

■ discharge
He will be discharged soon.（彼は間もなく退院できるでしょう）のように、束縛、場所からの放免のこと。

■ Keep your hands off me
keep off とは人、手指などを「近付けない、触れないようにする」の意。

■ jail
特に未決囚、軽犯罪者用のもの、すなわち拘留1年以内のものをいう。拘留1年以上のものは prison。

■ sort of
くだけた会話では sorta ともする。

■ Nothing doing.
「お断り、ご免だ、まっぴらだ」
依頼、申し出などの拒絶の返事で、No とか I refuse を意味して使われる決まり文句。

■ might as well do
You might as well start now.（もう出発しなさい）のように穏やかな命令としても使われる。

■ get used to...
「～に慣れている」とする場合は I'm used to hot weather.（私は暑い気候には慣れている）のように be used to。

■ more of 'em
ここでの 'em (them) は postcards のこと。

■ alky
alki、alkie、alchy ともする。なお、alky は alchol から。

125

BIM	: Him, for instance, shows up every month, just like the gas bill. And the one there, with the glasses, another repeater. This is his forty-fifth trip. Big executive in the advertising business. Lovely fellow. Been coming here since nineteen twenty-seven. Good old prohibition days. Say you should have seen the joint then. This is nothing. Back then we really had a turnover. Standing room only. Prohibition! That's what started most of these guys off. Whoopee! Now be a good boy and drink this.	for instance 例えば shows up ◊ gas bill ガスの請求書 trip 旅, 訪れること executive 重役, 経営幹部 advertising business 広告業界 ◊ Been Good old prohibition days ◊ you should have seen... the joint この施設・場所 ◊ back then あの当時は turnover 大繁盛 standing room only 立ち見席以外満員 start...off ～を始めさせる whoopee ワーイ, ワーッ ◊

Bim holds out the glass to Don.

DON	: I don't want it.	
BIM	: Better take it. Liable to be a little floor show later on around here. Might get on your nerves.	Better take it ◊ liable to... ～しそうな, たぶん～する later on 後で, やがて get on a person's nerves 人の神経に障る
DON	: Floor show?	
BIM	: Ever have the D.T.'s?	D.T. 振せんせん妄 ◊
DON	: No.	
BIM	: You will, brother.	brother あんた, 君 ◊
DON	: Not me.	
BIM	: Like to make a little bet? After all, you're just a freshman. Wait'll you're a sophomore, that's when you start seeing the little animals. You know that stuff about pink elephants, that's the bunk. It's little animals. Little tiny turkeys in straw hats. Midget monkeys coming through the key-holes. See that guy over there? With him it's beetles. Come the night, he sees beetles crawling all over him. Has to be dark, though. It's like the doctor was just telling me, "Delirium is a disease of the night." Huh. Good night.	after all 結局, 最後には freshman 1年生, 新入生 sophomore 2年生 bunk でたらめ, うそ tiny とても小さい, ちっぽけな turkey 七面鳥 midget 極小型の, 小型の with him 彼については, 彼の場合は ◊ come the night 夜になると ◊ beetle カブト虫, ゴキブリ ◊ crawl はう delirium 意識の混濁, せん妄 (状態)

ビム	：例えば、彼だ、毎月現れる、ガスの請求書みたいにね。それからあそこの人物、眼鏡を掛けた、また別の常連だ。今回が 45 回目だよ。広告業界の大物なんだ。良い人でね。1927 年以来、来ているのさ。古き良き禁酒法時代。そうだ、そのころのこの場所を見せたかったよ。こんなのは何でもない。あのころは大繁盛。立っているスペースだけ。禁酒法！ それがこういう連中のほとんどを作り出したわけだ。ワーイ！ さあ、おとなしくこれを飲んで。	

ビムはドンにグラスを差し出す。

ドン	：いらないよ。
ビム	：飲んだ方がいい。あとで、ここいらでちょっとした見世物がありそうだ。あんたの神経に障るかも知れんぞ。
ドン	：見世物って？
ビム	：幻覚を見たことは？
ドン	：いや。
ビム	：そのうち見るぞ、あんた。
ドン	：僕はそんなことはない。
ビム	：ちょっと賭けるかな？ 要するに、あんたはまだ 1 年生。2 年生になるまで待ってみろ、そのころには小さな動物を見始める。ピンクの象のことは知ってるだろう。あれはでたらめさ。本当は小さな動物だ。麦わら帽子を被った小さくちっぽけな七面鳥。鍵穴から出てくるちっちゃいサルとかね。あそこにいるあの男、わかるか？ 彼の場合はゴキブリだ。夜が来ると、彼はゴキブリが体中はい回るのを見る。真っ暗でなければだめだけどね。医者がちょうど俺に言ってたが、「せん妄状態は夜の病気だ」とね。フム。おやすみ。

■ shows up
すぐ前の He が省略されたもの。なお show up は appear の意。

■ advertising business
「広告」は an advertisement、「新聞広告」は a newspaper advertisement、「求人、求職広告」は a want ad、「商業広告」は commercial advertising、「広告欄」は an advertisement column、「広告代理店」は an advertising agency。

■ Been
文頭の He has が省略されたもの。

■ Good old prohibition days
「古き良き禁酒法時代」の意。禁酒法時代とは米国憲法第 18 修正条項による禁酒法 (the Volstead Act) 施行期間をいう。1920 年から 1933 年まで。

■ you should have seen...
直訳「あんたは〜を見るべきだった」から「〜をあんたに見せたかった」となる。

■ the joint
joint には「もぐり酒場、いかがわしい場所」などの意味があるが、ここでは「施設」の意。

■ turnover
顧客たちがどんどん入れ替わること。

■ whoopee
歓喜を表す間投詞。

■ Better take it
文頭の You had が省略。なお、Bim はくだけた話し方をするために主語を省略する傾向がある。後は必要と思われるときにのみ指摘する。

■ D.T.
アルコール依存症でアルコールからの離脱時に見られる手足の震え、幻覚などの症状。delirium tremens の略語。

■ brother
見知らぬ男性に対する呼びかけ。

■ with him
ここでの with は With me, money means nothing.（私の場合、金は何の意味もない）のように関係、関連を表して「〜については、〜に関しては、〜の場合は」を意味する前置詞。

■ come the night
when the night comes のこと。

■ beetle
広義にゴキブリなど甲虫に似た昆虫の総称。なお、「ゴキブリ」は cockroach、話では a roach。

INT. HOSPITAL - NIGHT - *Don lies on a bed in the ward. One of the other patients suddenly sits up screaming. He slaps the bed before sliding up the wall. Don is shocked. NURSES run in and restrain the MAN.*

MAN : No, no, not the water.

One of the nurses runs to the door and calls out.

NURSE : Get the restraints and get the doctor.

The man screams. Another nurse enters as a second patient moans. A DOCTOR enters the ward.

DOCTOR : Get him up to the violent ward.

Nurses lead the screaming patient out of the ward.

NURSE : Over here doctor.

Don crouches down, grabs a jacket and walks out a different door. Nurses and a guard take the patient to the elevator.

NURSE : Violent ward, get the elevator.

Don tries not to be seen, then runs past them to the stairwell. He waits for some other hospital staff to leave before running outside.

EXT. STREET - MORNING - *Don runs up some stairs near the train tracks, still in his hospital pajamas.*

---

sit up 起き上がる
scream 金切り声を出す
before... 〜よりも先に
slide up 滑るように動く，滑るように立ち上がる

restraints 拘束具, 拘束衣

moan うめき声を上げる

violent 能力的な, 過激な

crouch down しゃがみ込む, うずくまる
elevator エレベーター

stairwell 階段吹き抜け

train track 鉄道線路

屋内－病院－夜－ドンは病室のベッドで横になっている。ほかの患者の1人が突然起き上がり叫ぶ。ベッドをたたいてから壁をはい登ろうとする。ドンはショックを受ける。看護師たちが駆け込んできてその男を抑える。

男 ：違う、違う、水じゃだめだ。

看護師の1人が戸口に向かって走り、大声で呼ぶ。

看護師 ：拘束器具を持ってこい、それから先生だ。

男は叫ぶ。もう1人の看護師が入ってくると、2人目の患者がうめく。医師が病室に入ってくる。

医師 ：凶暴患者室へ連れていけ。

看護師たちはわめき散らす患者を病室から出す。

看護師 ：こちらです、先生。

ドンは身をかがめ、上着をつかみ別のドアから歩いて出る。看護師たちと監視員は患者をエレベーターに連れていく。

看護師 ：凶暴患者室だ、エレベーターを呼べ。

ドンは見つからないようにし、それから彼らを通り越して階段の吹き抜けまで走る。ほかの病院の職員が通り過ぎるのを待ってから外へ駆け出す。

屋外－通り－朝－ドンはまだ病院のパジャマのままで、鉄道線路近くの階段を駆け上がる。

■ sit up
この表現は上半身を起こすこと。前かがみになって座っているときに「姿勢を正しなさい」の意味で Sit up straight. とするのはそのためである。なお、stand up は「立ち上がる」なので混同しないこと。

■ before...
ここから「その後〜する、〜した後で〜する」と訳す。

■ moan
悲しみ、苦しみ、苦痛あるいは喜びなどのうめき声を上げること、すなわち to make low sounds of pain or pleasure ほどの意。

■ violent
ここでは「凶暴患者室」といったところ。

■ crouch down
ここでの crouch は恐怖などで地べたにかがみ込むこと。

■ elevator
イギリスでは lift。「エレベーター付きの建物」は an elevator building、「エレベーターのない建物」は a walkup building、「エレベーターを利用する」は take an elevator、「エレベーターで上がる」は go up in an elevator、「エレベーターで下がる」は go down in an elevator、「エレベーターから降りる」は get out of an elevator、「各階止まりのエレベーター」は a local elevator、「急行エレベーター」は an express elevator。

■ stairwell
階段とその中央部吹き抜けの空間を含む。

■ train track
「単線」は a single track、「複線」は a double track、「脱線する」は leave the track、go off the trails。

9

A Hallucination

INT. APARTMENT - MORNING - A MILKMAN goes up the stairs to Don's apartment to deliver some milk. He finds Helen asleep at the top of the stairs. The milkman goes back down and meets Mrs. Deveridge the landlady.

DEVERIDGE: Good morning.
MILKMAN : Shhh.

Mrs. Deveridge sees Helen asleep on the stairs.

DEVERIDGE: Anything wrong up there? Anything wrong? Are you all right?
HELEN : Oh. I'm fine, thank you.
DEVERIDGE: Have you been there all night?
HELEN : I've been waiting for Mr. Birnam.
DEVERIDGE: Mr. Don Birnam?
HELEN : Yes. I suppose he stayed overnight with some friends. He has some friends in Long Island.
DEVERIDGE: Now, now. What kind of story is that?
HELEN : I beg your pardon.
DEVERIDGE: I'm his landlady. I know what goes on in this house. I know Mr. Don Birnam. I knew all about him the first week they moved here, five years ago. Heard those bottles rattle in the garbage can. I know all about you. You're Helen St. James. You're working on the Time Magazine and you're his best girl. I also know he's not staying with any friends in Long Island, he's off on another toot and you know I'm darned right. Now come on down and I'll make you some breakfast.

---

milkman 牛乳屋, 牛乳配達
deliver 配達する, 送り届ける

landlady 女主人, 女家主 ◎

Anything wrong... ◎
Are you all right
I'm fine ◎
all night 一晩中 ◎

stay overnight 一夜滞在する ◎
Long Island ロングアイランド ◎

now, now さあさあ, ほらほら ◎

go on 起こる, 発生する ◎

Heard... ◎
rattle ガタガタ鳴る
garbage can ゴミ入れ ◎

one's best girl 恋人
off 意識を失って, 失神して
toot 酒宴
I'm darned right ◎

幻覚

TIME　01:20:04

□□□□□□

屋内－アパート－朝－牛乳配達人が牛乳を届けるためドンのアパートへと階段を上がっていく。彼は階段の一番上でヘレンが眠っているのを見つける。牛乳配達人は階段を下りると、家主のデヴェリッジ夫人に会う。

デヴェリッジ: おはよう。
牛乳配達人 : しーっ。

デヴェリッジ夫人は階段で眠っているヘレンを見る。

デヴェリッジ: 階上で何か問題があったの？　何か良くないことでも？　あなた、大丈夫？
ヘレン　　 : ええ。私は大丈夫、ありがとう。
デヴェリッジ: あなた、一晩中そこにいたの？
ヘレン　　 : バーナムさんを待っていました。
デヴェリッジ: ドン・バーナムさん？
ヘレン　　 : ええ。彼はどこか友達の所に一晩泊ったんだと思います。ロングアイランドに何人か友達がいますから。
デヴェリッジ: あら、あら。それ、一体何の話？
ヘレン　　 : どういうことでしょうか。
デヴェリッジ: 私は彼の家主なのよ。この家でどんなことが起こっているか知ってるの。ドン・バーナムさんを知ってるのよ。5年前、彼らがここに引っ越してきた最初の週に、彼のことはすべてわかったわ。酒ビンがごみ箱でゴロゴロと鳴るのも聞いた。私はあなたのこともすべて知ってますよ。あなたはヘレン・セント・ジェームズ。あなたはタイム雑誌社で働いていて、彼の恋人。私は彼がロングアイランドの友達の所に泊っていないことも、飲み騒いで酔いつぶれていることも、それに私の言う通りだとあなたがわかっていることも知ってるのよ。さあ、下りてらっしゃい、あなたに何か朝食を作ってあげるわ。

■ **landlady**
下宿屋、旅館などの女主人のこと。男性の場合は landlord。

■ **Anything wrong...**
文頭の Is there が省略されたもの。なお、wrong の「具合が悪い」の意から Is there anything wrong with that?(それに関して何か問題がありますか?)のように使われる。

■ **Are you all right?**
「大丈夫ですか？」
相手の無事、様子を尋ねる決まり文句。

■ **I'm fine.**
「大丈夫です、元気です」
様子を尋ねられて「元気です」と言うときの決まり文句。ただし、Would you like a cup of coffee?(コーヒーはいかがですか?)のように何かを勧められて、「いえ、結構です」と断る際にも使われる。

■ **all night**
all morning(午前中)、all day(一日中)、all week(一週間ずっと)のように単数名詞を修飾し、量、範囲、期間、距離などの「全体、全貌」を意味する。

■ **stay overnight**
ここでの overnight は through the night、すなわち「夜通し、一晩中」の意。

■ **Long Island**
ニューヨーク州南東部の島。

■ **now, now**
人をなだめて使われる。ただし、「これこれ」と人をしかったり、たしなめる際にも用いられる。

■ **go on**
この意味の場合は What's going on there?(一体何事ですか?)のように進行形で使われることが多い。

■ **Heard...**
文頭の I が省略されたもの。

■ **garbage can**
台所用のゴミ入れのこと。

■ **I'm darned right**
ここでの darned は damned の婉曲表現で、right を強調したもの。

HELEN: I don't care for any breakfast, thank you. Nor do I care for that kind of talk, even supposing you're right.

DEVERIDGE: Which I am. I could have kicked him out fifty times. The last, when two taxi drivers dumped him into the entrance hall out cold on the floor. With all my tenants going in and out and children leaving for school.

HELEN: Please, please.

DEVERIDGE: Well, I didn't put him out. Not as long as his brother could pay the rent. You couldn't help liking him anyway. He's was so good-looking. He had such nice manners. He always had a little joke.

HELEN: Stop talking about him as if he were dead.

DEVERIDGE: Best thing for you if he was.

Helen leaves the apartment.

EXT. / INT. STREET / SHOP - MORNING - Don comes across a wine and liquor shop. He walks across the road. He sees the PROPRIETOR of the shop arrive. Don crosses back to the shop and goes inside.

DON: I want a quart of rye. Quick.

PROPRIETOR: Okay if I take off my coat first?

DON: No. No cracks, no questions. Just a quart of rye.

PROPRIETOR: Be two fifteen.

DON: Come on. I need that liquor. I want it, and I'm gonna get it, understand. I'm gonna walk out of here with that quart of rye, one way or another.

The proprietor holds a bottle of rye. Don takes it from him.

ヘレン	：	私はどんな朝食も結構です、せっかくですけど。それにあなたのおっしゃってることが正しいとしても、そんな話は聞きたくありません。
デヴェリッジ	：	私の言ってることは正しいわ。これまで50回も彼を追い出すことができたのよ。つい最近では、2人のタクシー運転手が彼を玄関に投げ出して、床の上ですっかり気絶したとき。住人がみんな出入りしたり、子どもたちが学校に出かける中でのことよ。
ヘレン	：	お願い、お願いです。
デヴェリッジ	：	でも、私は彼を追い出さなかったわ。彼のお兄さんが家賃を払ってくれる限りはね。結局、みんな彼を好きにならざるを得なかった。彼はとてもハンサムだったし、とても行儀が良かった。いつもちょっとした冗談を言ってね。
ヘレン	：	彼が死んでしまったかのように話すのはやめてください。
デヴェリッジ	：	もしそうだったらあなたにとっては最高なのにね。

ヘレンはアパートを後にする。

屋外／屋内－通り／店－朝－ドンは酒屋を見つける。彼は道を横切る。店の経営者が出勤してきたのを見る。ドンはもう一度通りを横切って戻り、店に入る。

ドン	：	ライ・ウイスキー1クォートくれ。早くしろ。
経営者	：	先にコートを脱いでもいいでしょ？
ドン	：	だめだ。無駄口はなしだ、質問もするな。ライ・ウイスキーを1クォートよこせばいい。
経営者	：	2ドル15セントです。
ドン	：	早くしろ。その酒がいるんだ。そいつが欲しい、だからもらうんだ、わかったな。僕は何としてでもその1クォートのライ・ウイスキーと一緒にここから出ていくからな。

経営者はライ・ウイスキーのビンを持つ。ドンは彼からそれを奪う。

■ care for...
Would you care for tea?(お茶はいかがですか？)のようにこの表現の場合は主に否定文、疑問文、条件節で使われる。

■ kick out
ここでは They kicked out the noisy boys.(彼らは騒がしい少年たちを追い出した)のように to eject someone from something or some place の意味を表す。

■ the last
すぐ前に述べた物事、あるいは人を指す。ここでは「この前なんか、つい最近」といったところ。

■ dump
積み荷、中身などをドサッと降ろしたり、捨てること。

■ entrance hall
特に公会堂、劇場、邸宅などの玄関と建物の中間の部屋、入口ホールのこと。

■ tenant
賃借料を払って一時的に他人の土地、家屋あるいは動産を保有する人のこと。

■ put out
この表現は多くの意味を表して使われるが、ここでは Put the drunk out.(その酔っ払いをつまみ出せ)のように to get rid of someone or some creature の意で使われたもの。

■ cannot help doing
この表現は cannot help but do、cannot but do の型でも使われる。なお、cannot but do は文語的で、口語では前者の2つが好まれる。

■ good-looking
He is a good-looking young man.(彼はイケメン青年だ)のように attractive の意を表す。なお、good looks は「美貌」、good-looker は特に女性について『顔立ちの良い人、器量良し』をいう。

■ if he was
if he were dead のこと。

■ Okay
文頭の Is it が省略されたもの。

■ Be two fifteen
文頭の It will が省略されたもの。

■ one way or another
= one way or the other; somehow; in some fashion

INT. APARTMENT - MORNING - Don enters his apartment room, finding it still in a shambles. He slumps into the chair and begins to open the bottle of rye. The telephone rings, but he ignores it and pours himself a drink.

INT. APARTMENT - NIGHT - Don hears a squeak from a mouse poking through a hole in the wall. In the window he sees a bat fluttering before flying around the room. Frightened, Don sinks lower in the chair. The bat flies to the hole in the wall and kills the mouse. Don screams as blood runs down the wall. Downstairs, Mrs. Deveridge looks up to Don's room. Her dog barks out next to her. As Don continues to scream, she pulls the dog quickly into her room. She gets on the phone and calls Helen.

DEVERIDGE: (on phone) Miss St. James?... He's back. He's upstairs, this is Mrs. Deveridge. Yes, he's back. Up in the apartment. I heard him yelling.

Don pants heavily slumped in the chair as Helen rushes up the stairs. She pushes the doorbell.

HELEN : Don, open the door. Open it, please. Don, won't you let me in? I know you're there. Please, open the door. Don, don't you hear me? I want to help you. Don, I won't go away. Do I have to go down and get the janitor with a passkey to let me in?

Helen goes down the stairs to where Mrs. Deveridge is waiting. Mrs. Deveridge calls out to the janitor, DAVE.

DEVERIDGE: Dave! Dave!
DAVE : Yes, Mrs. Deveridge?
DEVERIDGE: Come on up with the passkey. Come on, come on, hurry.

屋内－アパート－朝－ドンはアパートの自分の部屋に入り、そこがまだめちゃくちゃな状態であることに気づく。彼は椅子にどすんと座り、ライ・ウイスキーのビンを開け始める。電話が鳴るが、彼はそれを無視して自分用に酒を注ぐ。

屋内－アパート－夜－ドンは壁に開いた穴の中から頭を突き出しているネズミがチューチュー鳴く声を聞く。窓にパタパタ飛んでいる1匹のコウモリがその後、部屋の中を飛び回るのを見る。ドンは怖くなって椅子に深く沈み込む。そのコウモリが壁の穴をめがけて飛んでいってネズミを殺す。ドンは血が壁を流れ落ちるのを見て叫び声を上げる。階下で、デヴェリッジ夫人がドンの部屋を見上げる。彼女の犬が彼女の隣で盛んにほえている。ドンが叫び声を上げ続けると、彼女は犬を素早く自分の部屋に引き入れる。彼女は電話を取り、ヘレンに電話をかける。

デヴェリッジ：（電話で）セント・ジェームズさん？　…彼、戻ってますよ。上の階にいます。こちらはデヴェリッジです。ええ、彼は戻っています。上のアパートにね。彼が叫び声を上げているのを聞いたんですよ。

ヘレンが階段を駆け急いで上がるとき、ドンは椅子の中に沈み込んで、ぜいぜいあえいでいる。彼女はドアベルを押す。

ヘレン　　：ドン、ドアを開けて。お願い、開けて。ドン、私を中に入れてくれない？　あなたがそこにいることはわかってるわ。お願い、ドアを開けて。ドン、私の声が聞こえないの？　あなたのことを助けたいの。ドン、私、どこにも行かないわよ。中に入れてもらうために、下に下りてマスターキーを持った管理人を連れてこなきゃいけないの？

ヘレンは階段を下りてデヴェリッジ夫人が待っている所へ行く。デヴェリッジ夫人は管理人のデーブを大声で呼ぶ。

デヴェリッジ：デーブ！　デーブ！
デーブ　　：はい、デヴェリッジさん？
デヴェリッジ：マスターキーを持って上がってきてちょうだい。さあ、早く、急いで。

■ **in a shambles**
a shambles で「無秩序の状態、修羅場、混乱した状態」を意味する。

■ **squeak**
短く鋭い金切り声、甲高い音、ネズミなどの鳴き声を表す。

■ **poke through**
poke とは to thrust something forward とか push の意。
ex. He poked his head out of the window.（彼は窓から頭を突き出した）

■ **flutter**
この語は Leaves fluttered in the breeze.（木の葉がそよ風にはためいた）とか Moths fluttered around the light.（蛾がライトの周りをひらひら飛んだ）のように、木の葉、帆がひらひら揺れたり、鳥、蝶などがひらひら飛ぶことを表す。

■ **bark**
Barking dogs seldom bite.（《諺》ほえる犬はめったにかまない→口だけのやつは大したことない）のように、犬、オオカミ、キツネ、リスなどに使われるが、He barked his opinion.（彼は大声で意見を述べた）のように、「ほえ立てるように言う」の意でも使われる。

■ **yell**
ここでは苦痛、恐怖などで叫んだり、泣きわめくこと。shout に同じ。

■ **pant heavily**
pant は He panted up the staitrs.（彼はあえぎながら階段を上がった）のように to gasp for breath の意。また heavily は「重く」ではなく、「激しく、ひどく」の意を表す。

■ **passkey**
ここでは master key のこと。なお、この語は「万能鍵」、すなわち skeleton key の意味でも使われる。

Mrs. Deveridge comforts Helen. Sweating and looking petrified, Don sees the door chain is not secured. He stands to go to the door, but collapses. He drags himself toward the door. On the stairs, Dave comes running with a key. He and the two women run up to Don's door. Don gets to the door, but he can't get the chain on before Dave turns the key.

HELEN	: Thank you very much.
DEVERIDGE	: You'd better let us come too. You can't go in there alone.
HELEN	: I'll be all right, thank you.
DEVERIDGE	: Come, Sophie. Let's go.

Helen edges into the apartment and finds Don sitting behind the door.

HELEN	: Don, darling.
DON	: Go away, Helen.
HELEN	: I'm here to help you, Don.
DON	: No, no.
HELEN	: You... Look at you. You wanna get up, Don. Put your arm on my shoulder.

Helen puts Don's arm around her shoulders and helps him up. She turns on the lights and sees the mess.

HELEN	: You'll have a bath and I'll help you shave and you'll eat and sleep, and when Wick comes back everything'll be all right.

Helen leads Don to the bedroom, but he suddenly stops.

DON	: No, Helen, don't look.
HELEN	: What's the matter, Don?
DON	: That wall.
HELEN	: What wall?
DON	: The mouse and the bat.
HELEN	: Mouse and the bat?
DON	: Yes, that hole in the wall right behind you.

---

comfort なだめる, 元気づける
petrify 呆然自失させる
secure 安全にする, 守る
collapse 倒れる
drag 引きずる, 引きずって移動する

edge 斜めに進む, 用心深く進む

Look at you

have a bath 風呂に入る
shave ひげを剃る

デヴェリッジ夫人はヘレンを慰める。冷や汗をかき、呆然とした様子で、ドンはドアチェーンが掛かっていないのを見る。彼はドアの方へ行こうと立ち上がるが、崩れ落ちる。彼は身体を引きずりながら、ドアの方に進む。階段では、デーブが鍵を持って走ってくる。彼と2人の女性がドンの部屋に駆け寄る。ドンはドアの所にたどり着くが、チェーンを掛けることができず、デーブが鍵を回す。

ヘレン ： どうもありがとう。
デヴェリッジ： 私たちも中に入れた方がいいわ。あなたは独りで入っちゃだめよ。
ヘレン ： 私は大丈夫、ありがとう。
デヴェリッジ： さあ、ソフィー。行こう。

ヘレンがアパートに体を滑り込ませると、ドンがドアの後ろに座っているのを見つける。

ヘレン ： ドン、あなた。
ドン ： 出ていってくれ、ヘレン。
ヘレン ： 私、あなたを助けるためここに来たのよ、ドン。
ドン ： だめ、だめだ。
ヘレン ： あなた…そんな格好をして。立つんでしょ、ドン。私の肩に腕を回して。

ヘレンはドンの腕を自分の肩に回して彼を立ち上がらせる。彼女は電灯をつけて散乱した状態を見る。

ヘレン ： あなたはお風呂に入ってね、私、あなたがひげを剃るのを手伝うわ。それから食べて寝るのよ。で、ウィックが戻ってくれば、すべて大丈夫だわ。

ヘレンはドンを寝室へ導くが、彼は突然立ち止まる。

ドン ： だめだ、ヘレン、見ないでくれ。
ヘレン ： どうしたの、ドン？
ドン ： あの壁だ。
ヘレン ： どの壁？
ドン ： ネズミとコウモリがいる。
ヘレン ： ネズミとコウモリですって？
ドン ： そうだ、君のすぐ後ろの壁のその穴にいる。

■ comfort
この語は相手に希望がわき、元気づくように慰めること。類似した語 console は優しく慰めて心痛を軽くすることを表す形式ばった語。relieve は悩み、不安、苦痛などを和らげたり、取り除いてやることをいう。

■ petrify
この語の基本的意味は「石化する」の意だが、驚き、恐怖、激しい感情で「呆然自失させる」といった意味合いの場合は、He was petrified with fear.(彼は恐怖で硬直した)のようにしばしば受身で使われる。

■ secure
この意味から戸や錠などについて用いられて「しっかり締める、錠を下ろす、戸締まりをしっかりする」といったニュアンスで用いられる。

■ edge
この語は He edged through the crowd.(彼は人混みの中を縫って進んだ)のように to move slowly and carefully、すなわち気をつけながら小刻みに進むことをいう。

■ Look at you
直訳「自分を見てみなさい」とは「何て格好なの」ほどの意。すなわち相手がみっともない姿の場合は「何て様だ」、相手がキマッた服装をしているときなどは「キマッてるじゃないか」といった意味になる。

■ have a bath
「風呂に入る」は take/have a bath、「風呂にゆっくり入る」は take/have a long bath、「赤ん坊を風呂に入れる」は give a baby a bath、bathe a baby、「風呂をわかす」は heat the bath、「風呂を立てる」は get the bath ready、prepare a bath、「風呂に湯を張る」は fill the bath-tub with water、run water into a tub.
ex. I take a bath every day.(私は毎日風呂に入る)
cf. The bath is ready.(風呂がわいたよ)

■ shave
「口ひげをそる」は shave one's mustaches、「頭をそる」は shave one's head、「鼻の下をそる」は shave one's nose。
ex. I shave my face every morning.(私は毎日顔をそります)

Helen looks at the wall.

HELEN   : There's no hole in the wall, Don.
DON   : Yes there is.
HELEN   : No, there isn't.
DON   : Yes.
HELEN   : Don please, look for yourself. Come on. Come on, Don, please look.

look for yourself ⊃

Don slowly turns around to check the wall. He feels the wall with his hand. Helen takes him into the bedroom and sits him down. She turns on the light.

feel 触ってみる，触って調べる ⊃

HELEN   : You see? Everything's gonna be all right. I'll stay right with you.

You see ⊃

DON   : It's little animals. It's always little animals. That's what Bim said.
HELEN   : You're not making much sense, Don.

make sense 道理にかなっている，意味を成す ⊃

DON   : You know what Nat said about the ending? Like this. Or like that. Like this or like that.

Don clicks his fingers in different directions.

ヘレンは壁を見る。

ヘレン ：壁に穴なんてないわよ、ドン。
ドン ：いやそこにある。
ヘレン ：いいえ、ないわ。
ドン ：ある。
ヘレン ：ドン、お願い、自分で見てみて。さあ、さあ、ドン、どうぞご覧なさい。

ドンは壁を確認するためにゆっくり振り返る。彼は自分の手で壁を触る。ヘレンは彼を寝室に連れていって座らせる。彼女は電灯をつける。

ヘレン ：ほうらね？ すべて良くなるから。あなたのそばに一緒にいるわ。
ドン ：小さな動物なんだ。いつも小さな動物なんだ。ビムがそう言った。
ヘレン ：あなたの言っていることはよくわからないわ、ドン。
ドン ：ナットが結末について言ってたことを知ってるか？ こんなふうに。さもなけりゃあんなふうにさ。こんなふうに、あるいはあんなふうに。

ドンはいろんな方向に向かって指を鳴らす。

■ look for yourself
for oneself は「自分のために自ら」という意味から「自分で、独力で」ということ。

■ feel
ここでの feel は「感じる」ではなく、He felt in his pocket for his car key.(彼は車のキーを探してポケットを探った)のように「手で触れて調べる、手探りで探す」といった意味合い。

■ You see?
「おわかり、ほらね」
Do you see?のこと。ここでの see は「わかる、理解する」の意。Do you understand? の意味合いで使われる決まり文句。

■ make sense
This does not make any sense to me.(これはどういうことかちっともわからない)のように、この表現は人の行動や表現などが「理解できる」ということ。

To Make a Comeback

INT. APARTMENT - DAY - Don comes out of the bedroom tidily dressed in a suit. Helen sleeps on the couch. She wakes up to see him going out the door with her coat. She runs after him. She calls out to him as he runs down the stairs and outside.

HELEN : Don! Don! Where are you going, Don? Don.

EXT. / INT. PAWN SHOP - DAY - Helen arrives at the shop. A sign above the door reads, "MONEY LOANED ON OVERCOATS & LADIES FUR COATS." She stands in a doorway as Don comes out of the shop.

HELEN : All right, Don. Give me the pawn ticket.
DON : No scene, please.
HELEN : No scene. Just give me the pawn ticket.

DON : Look, I don't want you to go in there and claim it now. It would look queer.

HELEN : You're ashamed of what the pawn broker will think, is that it? It doesn't matter what I think.

DON : Wick'll get you back your coat.
HELEN : You couldn't have taken my bracelet or my pay check? It had to be that coat?

DON : You mean the one that brought us together? Stop being sentimental.

HELEN : Oh, I have, Don, I assure you. It's finished. It's dead. For three years they couldn't talk me out of you.

立ち直るために

TIME 01:29:34
□□□□□□

屋内－アパート－昼－ドンはスーツを着てきちんと身なりを整え、寝室から出ていく。ヘレンは寝椅子で寝ている。彼女が目を覚ますと、彼が彼女のコートを持ってドアから出かけていくところを目にする。彼女は走って彼を追いかける。彼女は彼が走って階段を下りて外に出ようとするところを大声で呼びかける。

ヘレン　　：ドン！　ドン！　どこに行くの、ドン？　ドン。

屋外／屋内－質屋－昼－ヘレンは店に着く。ドアの上の看板には「オーバーコートと女性用毛皮のコートでお金貸します」とある。ドンが店から出てくると、彼女が戸口に立っている。

ヘレン　　：さあ、ドン。質札を私にちょうだい。
ドン　　　：騒ぎ立てないでくれ、頼むから。
ヘレン　　：騒がないわ。私に質札を渡してくれるだけでいいの。
ドン　　　：いいか、僕は君に中に入っていって、今それを取り戻してもらいたくないんだ。そんなことをしたら変に見えるだろう。
ヘレン　　：あなたは質屋がどう思うかということを恥ずかしいと思っている、そうでしょ？　私がどう思うかは関係ないのね。
ドン　　　：ウィックが君のコートを取り戻してくれるよ。
ヘレン　　：私のブレスレットや給料の小切手を取ることはできなかったの？　そのコートでなければいけなかったの？
ドン　　　：君が言いたいのは、僕たちを引き合わせてくれたもの、ということか？　感傷的になるのはやめてくれ。
ヘレン　　：ええ、私、もうよしたわ、ドン、本当よ。もう終わったの。死んだのよ。3年もの間、みんなが私をあなたから引き離そうと説得したけどだめだった。

■ dressed in a suit
dress は He is well dressed.(彼は立派な身なりをしている)のように、しばしば受身で使われる。
ex. She is dressed in red.(彼女は赤い衣服を着ている)

■ run after...
ここでは The dog ran after him.(その犬は彼を追いかけた)のように chase の意味。この表現は He is always running after women.(彼はいつも女性を追いかけ回している)のように、しばしば進行形で侮蔑的に「(異性をしつこく)追い回す」の意味で用いられる。

■ pawn ticket
「質に入れる」は pawn something、「質に入れてある」は something is in pawn。
cf. He pawned his watch.(彼は時計を質に入れた)

■ no scene
ここでの scene は怒りや感情などをあらわにする大騒ぎ、口論のこと。そこから「大騒ぎをする」とする場合は make a scene とか create a scene とする。
ex. They had a scene last night.(彼らは昨夜、口論をした)

■ claim
= to demand or ask for something that one thinks one has a right to
ex. Does anyone claim this ring?(この指輪の持ち主はいませんか？)

■ queer
= very old; curious; questionable; strange; suspicious; uncanny; weird

■ be ashamed of...
ashamed は行為、状態などを「恥じて」との意。恥ずかしく思う対象は of、恥ずかしく思う理由は for を用いる。
ex. You ought to be ashamed of yourself.(君、自分を恥ずかしく思うべきだ→恥を知れ)

■ I have
直前の Don のセリフを受けて I have stopped being sentimental と言ったもの。

141

HELEN : I was the only one that really understood you. I knew there was a core of something...well, there is a core, and now I know what it is. A sponge. And to soak it full you'll do anything that's ruthless, selfish, dishonest.
DON : I asked you not to make a scene.
HELEN : Then give me the ticket.
DON : No, Helen, not now, please.
HELEN : I don't want the money. You can get as drunk as you like for all I care.

DON : Thank you.

Don walks off. Helen goes into the pawn shop. The PAWN BROKER is looking at the coat.

HELEN : A gentleman was here a while ago. How much did you give him for that coat?
PAWN BROKER : Why?
HELEN : Well, I want it back. It's my coat.

PAWN BROKER : It's your coat?
HELEN : Oh, it's all right. He had my permission. How much did you give him?
PAWN BROKER : He didn't want any money. He just wanted to swap it.
HELEN : Swap it? For what?
PAWN BROKER : Oh, something he hocked here a long while back.
HELEN : What?
PAWN BROKER : A gun.
HELEN : A gun?
PAWN BROKER : Now if you want the coat back, I can a...

Helen leaves the shop.

ヘレン	:	あなたのことを本当に理解したのは私だけだったわ。何か芯のようなものがあるとわかっていた…そう、芯がある、そして今、それが何だかわかった。スポンジよ。そしてそれを酒浸りにするためにはどんなことでもする、無情で自分勝手で不誠実なこともね。
ドン	:	僕は君に騒ぎ立てないでくれと頼んだはずだ。
ヘレン	:	それじゃあ私に札をちょうだい。
ドン	:	だめだ、ヘレン、今はだめだ、頼む。
ヘレン	:	私はお金が欲しいんじゃない。あなたが好きなだけ酔っ払おうと私にはどうでもいいことだわ。
ドン	:	ありがとう。

ドンは歩き去る。ヘレンは質屋に入っていく。質屋はコートを確かめている。

ヘレン	:	さっき紳士がここに来たでしょ。そのコートでいくらお金を渡しました?
質屋	:	なぜですか?
ヘレン	:	ええ、それを質受けしたいのです。それ、私のコートですの。
質屋	:	あなたのコートですって?
ヘレン	:	ええ、大丈夫。私が彼に許可したんです。いくら彼に渡しました?
質屋	:	彼はお金が欲しかったんじゃありません。ただ入れ替えしたかったんですよ。
ヘレン	:	入れ替え? 何とですか?
質屋	:	ええ、彼がずいぶん前にここに質入れしたものです。
ヘレン	:	何です?
質屋	:	ピストルです。
ヘレン	:	ピストル?
質屋	:	もしあなたがこのコートを質受けしたいなら、私は…

ヘレンは店を出る。

■ soak
ここではスポンジを液体、すなわち酒いっぱいにする、といったもの。

■ ruthless
= mean; heartless; brutal; cold; cruel; inhuman; merciless; relentless; unfeeling

■ dishonest
= untruthful; deceitful; deceiving; deceptive
なお、ここでの dis- は形容詞について、その形容詞の意味する性質を「失わせる、逆にする」といった意味の形容詞を作る接頭辞。

■ get drunk
「少し酔う」は get a little drunk、「酔っている」は be drunk。なお、「乗り物に酔う」は become sick、「船に酔う」は get seasick。

■ for all I care
「ちっとも構わない、私の知ったことではない」の意。この表現は本文中の例のように can、could、may、might を伴う文中で用いられる。

■ He had my permission
直訳「彼は私の許可を持っていた」から「私が許可したんです」となる。なお、permission は「許可、承認」の意。

■ a long while back
ここでの back は I bought this some years back.(私は数年前にこれを買った)のように「昔に、昔にさかのぼって」を意味する副詞。

INT. APARTMENT - DAY - *On paper next to a gun, Don writes a letter. It reads, "As for the service, dear old Wick, I'd recommend no flowers, and a few good jokes. Goodbye, Don." He stands up the letter on the desk, then gets some bullets for the gun. He goes to the bathroom and looks at himself in the mirror. He hears someone opening the apartment door. He looks for somewhere to hide the gun, eventually leaving it in the sink. Helen comes inside.*

DON	: What is it, Helen?

Helen is relieved to see Don.

DON	: What's the matter?
HELEN	: Nothing. Dave gave me the keys, I didn't think you were here.
DON	: What do you want here?
HELEN	: Well, it's just that the rain is worse and I couldn't get a taxi. I thought perhaps I could borrow a...a coat under the circumstances.
DON	: Sure. How about my raincoat?

Don gets his raincoat for Helen.

HELEN	: Funny, that we should wind up after all these years just as we met, I with your raincoat...
DON	: And I with your leopard coat. I always got the best of the bargain. Goodbye, Helen.

Don reaches for the door, but Helen looks around the room.

DON	: What are you looking for?
HELEN	: Well, I thought perhaps, maybe you might have something for my hair.
DON	: Would you care to wear my black derby?
HELEN	: Any old thing, any old scarf.
DON	: All right.

144

屋内ーアパートー昼ーピストルの横にある紙に、ドンは手紙を書いている。そこには以下のように書いてある。「親愛なるウィック、葬式には花はいらないが、気の利いたジョークをいくつかお願いしたい。さようなら。ドン」。彼は机の上に手紙を立てて、それからピストルに何発かの弾を取る。彼は浴室に行って鏡に映った自分の顔をのぞき込む。誰かがアパートのドアを開ける音を聞く。彼はピストルを隠す場所を探すが、結局洗面台に残していく。ヘレンが入ってくる。

ドン　　　：何だ、ヘレン？

ヘレンはドンを見て安心する。

ドン　　　：どうしたんだ？
ヘレン　　：別に何も。デーブが私に鍵をくれたの、あなたがここにいるとは思わなかったわ。
ドン　　　：ここに何の用だ？
ヘレン　　：ただ、雨はひどくなるし、それにタクシーが見つからなかったの。ひょっとしたら、コ、コートを借りられるかしらと思ったの…こんな事情だから。
ドン　　　：もちろん。僕のレインコートはどうだい？

ドンはヘレンに自分のレインコートを持ってくる。

ヘレン　　：おかしいわね、私たちが出会ってから何年もの後に、私があなたのレインコートをもらって終わるなんて…
ドン　　　：そして、僕が君のヒョウの毛皮のコートだ。いつも取引では僕の方が得をする。さようなら、ヘレン。

ドンはドアに手を伸ばすが、ヘレンは部屋を見回す。

ドン　　　：何を探してるんだい？
ヘレン　　：ええ、ひょっとして、あなたが私の髪を覆う何かを持っているかな、と思ったの。
ドン　　　：君は僕の黒の山高帽をかぶる気はあるかい？
ヘレン　　：何か古いもの、古いスカーフとか。
ドン　　　：いいとも。

■ service
ここでは a funeral service のこと。また funeral rites ともする。

■ recommend
この語は選択すべきもの、取るべき方向などを提示、あるいは示唆すること。

■ a few good jokes
a few は「いくつかの」だが、few jokes のように無冠詞の場合は否定的な意味となり「ほんのわずかの、ほとんどない」になる。

■ eventually
= finally; in the end
ex. They eventually became friends.（彼らはやがて友人になった）

■ be relieved to...
I'm relieved to know that you are safe.（あなたがご無事だと知ってほっとしています）のように、relieved は、人が聞いたり、見たり、知ったりして「安心した」との意。

■ the rain is worse
「雨がひどく降っている」は It's raining hard/heavily/cats and dogs.、「雨が降り出した」は It began/started to rain.、The rain began to fall.、「雨が降った」は It rained.、「昨夜大雨が降った」は There was a heavy rain last night.、「雨になりそうだ」は It looks like rain.、It is likely to rain.、「彼は雨に濡れた」は He got wet in the rain.、「彼は雨にあった」は He got caught in the rain.。

■ get a taxi
「私にタクシーを呼んでください」は Please call/get me a taxi.、「タクシーを拾う」は get a taxi、「タクシーに乗る」は take a taxi、「タクシーを止める」は hail a taxi、「タクシーで行く」は go by taxi。

■ wind up...
wind up (as) something で to end up as something の意を表す。

■ get the best of...
このイディオムは「〜に勝つ、〜を負かす」の意でも使われるが、ここでは gain most from something の意。get the better of...、have the best/better of... ともする。

■ care to...
want to do something とか be willing to do something の意。この場合は主に疑問文、否定文、条件節で使われる。
ex. I don't care to see that play.（あの芝居は見たいとは思わないね）

When Don goes into the bedroom, Helen looks around the apartment some more. She spots the gun in the sink reflecting in a mirror. She is about to go to the bathroom when Don returns with a scarf.

DON	: Here you are.
HELEN	: Thank you.
DON	: So long.
HELEN	: Do you know, Don, there was some whiskey left in the bottle after I cleaned up last night?
DON	: Was there?
HELEN	: Wouldn't you like to know where I put it?
DON	: Nope.
HELEN	: Don't you want a drink, Don?
DON	: No.

Helen pulls a partially-full bottle of rye out from the umbrella stand.

HELEN	: Here it is, right here. Why don't you have one? Just one.

Helen throws aside her coat and goes to the kitchen. She pours rye into a glass.

DON	: What are you up to?
HELEN	: Nothing. I'm just ashamed of the way I talked to you, like a narrow-minded, insensitive, small-town teetotaller.
DON	: I told you, I don't feel like a drink. Not now.
HELEN	: Oh, come on, Don. Just one. I'll have one with you. I'm in no hurry. This is my easy day at the office.

Helen pours some of the rye into another glass.

DON	: Look, Helen, there are a few things I want to put in order before Wick comes.

146

ドンが寝室に入っていくと、ヘレンはアパートをもっとよく見回す。彼女は鏡に映った洗面台の中のピストルを突き止める。彼女がまさに浴室へ行こうとするとき、ドンがスカーフを持って戻ってくる。

ドン　　：はい、どうぞ。
ヘレン　：ありがとう。
ドン　　：さよなら。
ヘレン　：ドン、昨夜きれいに掃除をしたときにビンの中に少し残っていたウイスキーがあったの、知ってる？
ドン　　：そうかい？
ヘレン　：私がそれ、どこに置いたか知りたくない？
ドン　　：いや。
ヘレン　：一杯飲みたくないの、ドン？
ドン　　：いらない。

ヘレンは傘立てから少し残っているライ・ウイスキーのビンを取り出す。

ヘレン　：はい、これ、ここにあるわ。一杯飲んだらどう？　一杯だけ。

ヘレンはコートを横に投げて、台所に行く。グラスにライ・ウイスキーを注ぐ。

ドン　　：君は何をたくらんでいるんだ？
ヘレン　：何も。ただ私はさっきあなたに偏狭で鈍感で、野暮ったい絶対禁酒主義者みたいな口のきき方をしてしまったことを少し恥ずかしく思ってるだけよ。
ドン　　：言っただろう、飲みたくないんだ。今はいらない。
ヘレン　：まあ、ほら、ドン。一杯だけ。私も一杯付き合うわ。私、急いでないの。今日は、会社の仕事が楽な日なの。

ヘレンは別のグラスにライ・ウイスキーを少し注ぐ。

ドン　　：なあ、ヘレン、ウィックが戻る前に整理しておきたいものがいくつかあるんだ。

■ spot
= see; recognize; catch; detect; discover; find; observe; sight

■ clean up
「汚した場所をきれいにする」との意味から、場所から腐敗などを「根絶する」、悪党などを「一掃する」、また We are going to clean up.（大もうけをするぞ）のように to make a large profit, すなわち「大もうけをする、大金をもうける」との意でもしばしば使われる。

■ nope
no の異形。同様に yes の異形は yep。

■ partially-full
partially は「部分的に、ある程度」の意。

■ Here it is.
「はいこれ、さあどうぞ」
人に物を差し出すときの決まり文句。Here you are ともする。

■ throw aside
aside は Step aside.（道を空けろ）のように「脇による、片側に」、すなわち to one side とか away ほどの意。
ex. He put his newspaper aside and watched TV.（彼は新聞を脇に置いてテレビを見た）

■ What are you up to?
be up to something で doing or planning something secretly と か be ready for mischief, すなわち「何かに従事して」とか「何かよからぬことをたくらんでいる」の意を表す。
ex. She is up to no good.（彼女は何かよからぬことをたくらんでいる）

■ narrow-minded
= showing or having no interest in the ideas and opinions of others

■ insensitive
= not sensitive; indifferent; callous; coldhearted; feelingless; heartless; uncaring; unkind

■ teetotaller
total abstinence（絶対禁酒）の total を強調するため頭文字を前に置いて T-total → teetotal としたもの。1833 年にイギリスの R. Turner が造った言葉。

■ be in no hurry
反対に急いでいる場合は I'm in a hurry.（私は急いでいる）のように be in a hurry。

■ in order
ここでは Everything is in order.（すべては整っている、すべて用意は整っている）のように in arrangement の意。

HELEN : Let me stay...please.
DON : No. I don't wanna sound rude but, I'm afraid you'll have to leave now.
HELEN : Here, Don.

She tries to give him the glass.

DON : You're very sweet. Goodbye.

Don bends forward to get a kiss from Helen.

DON : Don't let me bend for nothing.
HELEN : You need this, Don. Drink it. I want you to drink it. I'll get you some more. I'll get you all you want.

DON : What kind of talk is that?
HELEN : It's just that I'd rather have you drunk than dead.

Helen rests against Don.

DON : Who wants to be dead?
HELEN : Stop lying to me.

She runs to the bathroom and grabs the gun. Don chases her.

DON : Give it to me.

Helen tries to keep the gun, but Don overpowers her.

DON : All right. Now go! No fuss, please. No calling the neighbors. It won't do any good, I promise you.
HELEN : I won't. You've made up your mind. But could you tell me why? Why?
DON : Because it's best all around, for everybody. For you, for Wick, and for me.

The Lost Weekend

ヘレン	:	ここにいさせて…お願い。
ドン	:	だめだ。失礼なことを言いたくはないが、残念だけど、君に今ここを出ていってほしいのさ。
ヘレン	:	さあ、ドン。

彼女は彼にグラスを渡そうとする。

ドン	:	君はとても優しいね。さよなら。

ドンはヘレンからキスをもらおうと前にかがむ。

ドン	:	僕にかがみ損をさせないでくれ。
ヘレン	:	あなたにはこれが必要なの、ドン。飲んで。私、あなたにそれを飲んでほしいの。もっと買ってきてあげる。あなたの欲しいだけ買ってきてあげるわ。
ドン	:	一体どういう風の吹き回しだ？
ヘレン	:	私、あなたが死んでしまうより酔っ払っていてくれた方がまだいいの。

ヘレンはドンに寄りかかる。

ドン	:	誰が死にたいって？
ヘレン	:	私にうそをつくのはやめて。

彼女は浴室に走っていってピストルをつかむ。ドンは彼女を追いかける。

ドン	:	それを僕に渡せ。

ヘレンはピストルを持ち続けようとするが、ドンの力が彼女に勝る。

ドン	:	よろしい。さあ帰りたまえ！ 騒ぎはごめんだ、頼むよ。隣人たちを呼ぶのもだめ。そんなことをしたって何にもならない、請け合うよ。
ヘレン	:	しないわ。あなたは決心したのね。でもなぜだか私に話してくれる？　なぜなの？
ドン	:	それが周りのみんなにとって一番良いことだからだよ。君にとっても、ウィックにとっても、そして僕にとってもね。

■ I'm afraid
文頭、文中、文末で「残念ながら〜と思う」の意味を表して、好ましくないことについて使われる。

■ Don't let me bend for nothing
彼がかがむたびに彼女が彼にキスをしていたことから来るセリフで、「キスはなしなのか」ということを間接的に表現したもの。

■ What kind of talk is that?
直訳「それはどういった類の話だ」から「どういう風の吹き回しだ」となる。

■ I'd rather have A than B
I would rather は I had rather とすることもある。

■ rest
ここでは「休む」ではなく、He rested his back against the wall.（彼は壁に背をもたせかけた）のように「寄りかかる」こと。

■ fuss
They made a fuss over nothing.（彼らは何でもないことで大騒ぎをした）のようにつまらないことで大騒ぎすること、すなわち「無用の大騒ぎ」。

■ It won't do any good
「何の役にも立たない」の意。ここでのgood は本文中の例のようにしばしば any、some、no と共に用いて「役立つこと、利益、ためになること、利点」の意を表す。

■ make up one's mind
decide の意味のやや口語的表現。類似した語 determine は時間をかけて決意し、それを断固として守ろうとすること。また resolve はやり遂げようとする意志の固さを表す。

■ it's best all around
「万事それが一番である」の意。all around は「一帯に、至る所に、周りにいるみんなに、まんべんなく」などの意を表す。

149

HELEN	: But that's not true. We love you, Wick and I.	
DON	: All right. Then for me. Selfish again.	
HELEN	: That's a sad final word, Don.	

Don leads Helen to the door.

DON	: Look at it this way, Helen. This business is just a formality. Don Birnam is dead already. He died over this weekend.	formality 形式的なこと, 形式
HELEN	: Did he? What did he die of?	die of... ～で死ぬ ◎
DON	: Of a lot of things. Of alcohol, of moral anemia, of fear, shame, D.T.'s.	moral anemia 道徳的貧血症, 道義的無気力 ◎ shame 恥ずかしさ, 恥辱 ◎
HELEN	: Oh, that Don Birnam. And now you want to kill the other one.	
DON	: What other?	
HELEN	: There were two Dons. You told me so yourself. Don the drunk and Don the writer.	
DON	: Let's not go back to a fancy figure of speech. There's only one Don, he's through.	figure of speech 言葉のあや, 比ゆ through 終わって
HELEN	: Don.	
DON	: I'm all right, I still have enough strength left...	
HELEN	: I know you have. I can see it. Don't waste it by pulling a trigger, Don.	pull a trigger 引き金を引く
DON	: No, let me get it over with or do you want me to give you another one of my promises that I never keep?	get it over with それをさっさと済ませる, それを終わらせる ◎ promises that...keep ◎
HELEN	: I don't want you to give me your promise, I don't want you to give your promise to anybody but Don Birnam.	
DON	: It's too late. I wouldn't know how to start.	
HELEN	: The only way to start is to stop. There is no cure besides just stopping.	start ◎ to stop ◎ besides ～のほかには, ～を除いては ◎
DON	: Can't be done.	Can't be done ◎

ヘレン	:	でもそれは違うわ。私たちはあなたを愛しているのよ、ウィックも私も。
ドン	:	よろしい。じゃあ自分のためだ。また自分勝手さ。
ヘレン	:	それが悲しい最後の言葉なの、ドン。

ドンはヘレンをドアの方に導く。

ドン	:	こんなふうに考えてくれ、ヘレン。このことは単に形式なんだ。ドン・バーナムはもう死んでいる。彼はこの週末に死んでしまったんだよ。
ヘレン	:	彼が死んだ？　何が原因で死んだわけ？
ドン	:	多くの理由でね。酒、精神的無気力、恐れ、恥、アルコール中毒のせん妄のためだ。
ヘレン	:	あら、そのドン・バーナム。そして、今あなたはもう1人の彼を殺したいのね。
ドン	:	もう1人の何？
ヘレン	:	2人のドンがいたわ。あなたが自分でそう言ったのよ。酔っ払いのドンと作家のドン。
ドン	:	言葉のあやへ戻るのはやめよう。ドンは1人しかいないし、彼は終わったんだ。
ヘレン	:	ドン。
ドン	:	僕は大丈夫、まだ力は十分残っている…
ヘレン	:	力があることはわかってるわ。私にはそれが見えるの。引き金を引いてそれを無駄にしないで、ドン。
ドン	:	いや、僕にさっさと片付けさせてくれ、それとも、君は僕に、僕が決して守れない約束を君にもう一度させたいのか？
ヘレン	:	私に約束してほしいとは思わないし、ドン・バーナム以外の誰に対しても約束をしてほしいなんて思わないわ。
ドン	:	もう遅過ぎる。僕はどうやって新規巻き直したらいいかわからないんだ。
ヘレン	:	新規巻き直しする唯一の方法はやめることよ。やめること以外にどんな治療もないわ。
ドン	:	できない。

■ formality
すでに自分は死んでいるため、銃で自殺することは単なる形式的なことだ、と言っている。

■ die of...
She died of cancer.（彼女はがんで死んだ）のように通例、病気、飢え、老齢で死ぬ場合は of、He died from overwork.（彼は過労で死んだ）のように過労やけがなどの場合は from を用いることが多い。とはいえ、この区別は決定的なものではない。

■ moral anemia
anemia とは「貧血」のこと。moral anemia という病名はないが、彼の精神的無気力、道徳的堕落をこのように表現したもの。

■ shame
下劣な行為、罪悪感などによって起こる恥ずかしい思いをいう。

■ figure of speech
種々の表現効果を上げるために用いる修辞的表現法。

■ get it over with
ここでの get over は They got the meeting over with quickly.（彼らは会合をさっさと切り上げた）のように、通例な仕事、事などを「終わらせる、済ませる」を意味する。

■ promises that I never keep
「約束を守る」は keep one's promise、「約束を果たす」は carry out/fulfill one's promise、「約束を取り消す」は withdraw one's promise、「約束を破る」は break one's promise。

■ start
ここでは「新規巻き直す」、すなわち「新たなスタートを切る」との意味合い。

■ to stop
次に drinking を補って考える。

■ besides
この意味の場合は主に否定文、疑問文。

■ Can't be done
文頭の It が省略されたもの。

151

HELEN	: Other people have stopped.	
DON	: People with a purpose, with something to do.	purpose 目的
HELEN	: You've got talent and ambition.	ambition 野心 ↻
DON	: Talent. Ambition. That's dead long ago. That's drowned. That's drifting around with a bloated belly on a lake of alcohol.	drown おぼれる, 溺死する drift 漂流する, 浮かぶ with a bloated belly 腹を膨らませて ↻
HELEN	: No, it isn't. You still have it.	
DON	: Quit trying to stall me, Helen. It's too late. There's no more writing left in me, it's gone. What do you expect, a miracle?	quit やめる stall ごまかす, だます ↻ writing ↻ What do you expect ↻ miracle 奇跡

Don throws the raincoat at Helen.

HELEN	: Yes, yes, yes! If I could just make you un...	just make you un... ↻

The doorbell buzzes.

DON	: Who is it?	Who is it ↻
NAT	: (v.o.) It's me, Mr. Birnam.	
DON	: What is it, Nat?	What is it ↻
NAT	: (v.o.) I got somethin' for ya, Mr. Birnam.	

Don opens the door.

NAT	: I hope I ain't intrudin.	I hope... 〜でなければいいのだが ↻ I ain't intrudin お邪魔じゃなければ ↻
DON	: What is it?	
NAT	: You know when you had that accident? Afterward I found this floatin' around on the Nile.	afterward 後で, その後 ↻

Nat holds up Don's typewriter.

hold up 持ち上げる, 差し上げる

NAT	: She writes pretty good. I oiled her up a little. And I didn't oil her up so you can hock her.	She writes ↻ oil up 油を差す ↻
HELEN	: I'll take it, Nat.	

Helen takes the typewriter from Nat.

ヘレン	:	ほかの人たちはやめているのよ。
ドン	:	目的ややるべきことがある人たちはだ。
ヘレン	:	あなたには才能と野心があるじゃない。
ドン	:	才能。野心。そんなものはずいぶん前に死んでしまった。溺死したんだ。アルコールの湖で膨れ上がった腹をしてふわふわと漂っている。
ヘレン	:	いいえ、違う。あなたにはまだそれがあるわ。
ドン	:	ごまかして僕を引き留めようとするのはやめてくれ、ヘレン。遅過ぎる。僕の中に書く力はもう残っていない、なくなってしまった。君は何を期待しているんだ、奇跡か？

ドンはヘレンにレインコートを投げる。

ヘレン	:	そう、そう、そうよ！ もし私があなたをえっと…

ドアのベルが鳴る。

ドン	:	誰だ？
ナット	:	（画面外）俺だよ、バーナムさん。
ドン	:	何の用だ、ナット？
ナット	:	（画面外）あんたに渡したいものがあるんだ、バーナムさん。

ドンはドアを開ける。

ナット	:	お邪魔でなければいいが。
ドン	:	何だ？
ナット	:	あんたがあの事故に遭ったときのこと、覚えてるだろう？ あの後、俺はこれがナイル川に浮かんでいるのを見つけたのさ。

ナットはドンのタイプライターを持ち上げる。

ナット	:	こいつはとてもよく打てる。少しだけ油を差しておいたよ。ただ、あんたが質に入れられるように、油を差したわけじゃないからな。
ヘレン	:	私がもらうわ、ナット。

ヘレンはナットからタイプライターを受け取る。

■ ambition
= a strong desire to achieve something; aspiration

■ with a bloated belly
bloated は「膨らんだ、むくんだ」の意。また belly は「腹、腹部」のこと。婉曲的に stomach の方が一般的に好まれる。

■ stall
引き伸ばすために「ごまかす、時間稼ぎをする」という意味合い。

■ writing
「書くこと」から「書く力」となる。

■ What do you expect?
直訳「何を期待しているんだ？」から「何があるってんだ？」となる。

■ just make you un...
次に stop drinking と言おうとしたもの。

■ Who is it?
「どなたですか？、誰だ？」
ドア越しに「誰ですか？」と尋ねる際の決まり文句。Who's there? とか Who is at the door? ともいう。

■ What is it?
「何の用だ？、何が欲しいんだ？、何を望んでいるんだ？」
What do you want? という意味を表す決まり文句。なお、What is it now? とした場合は Why are you bothering me again? の意。

■ I hope...
この表現は一般的に次に望ましいことが来るときに用いられるが、ここでは否定文の前に用いて相手に対する礼節、気づかいを表す。

■ I ain't intrudin
I am not intruding のこと。intrude は招かれないのに「押しかける、邪魔する」の意。

■ afterward
They lived happily ever afterward.（その後彼らは幸せに暮らしました）のように物語りの結びでよく使われる。afterwards ともする。

■ She writes
ここでの she は typewriter のこと。このように船、口、車、その他自分のお気に入りのものを擬人化して she を用いることがある。

■ oil up
oil とは I had my bicycle oiled.（私は自転車に油を差してもらった）のように機材、車輪などに油を差すこと。

153

NAT	: Hello, Miss.	
DON	: Thank you, Nat.	
NAT	: How are all them lilacs in Ohio?	all them lilacs in Ohio ◎

Don closes the door.

HELEN	: Well, Don, here it is. What do you say now?	What do you say ◎
DON	: Say about what?	
HELEN	: This. Someone, somewhere, sent it back. Why? Because he means you to stay alive, because he wants you to write. I didn't ask for a big miracle.	stay alive 死なない、生きたまでいる
DON	: Write! With these hands? And a brain that's all out of focus?	brain 頭、脳みそ out of focus 焦点が外れて、ピントが狂って ◎
HELEN	: It'll clear up again. You'll be well.	clear up はっきりする、すっきりする ◎
DON	: And I'll be sitting there staring at that white sheet, scared.	white sheet 白い紙 ◎
HELEN	: No, you won't. You've forgotten what it feels like to be well.	
DON	: What am I gonna write about? What?	
HELEN	: What you've always wanted to write. Where was the page I found? "The Bottle. A Novel by Don Birnam," What was that to be?	What was that to be ◎
DON	: About a messed-up life. About a man and a woman and a bottle. About nightmares, horrors, humiliations, all the things I want to forget.	messed-up life めちゃくちゃの人生、台無しの人生 ◎ humiliation 屈辱、恥
HELEN	: Put it all down on paper. Get rid of it that way. Tell it all, to whom it may concern. And it concerns so many people, Don.	put down 書きつける Get rid of it that way ◎ to whom it may concern ◎ concern 関係する、影響する
DON	: Yeah.	

Helen puts a cigarette between Don's lips. She goes to the kitchen.

HELEN	: I'll fix us some breakfast.	
DON	: We have quite a supply of milk. You'll notice I didn't even find a first line.	quite a かなり、たくさん ◎ supply of milk ミルクの量、ミルクの在庫

ナット	：こんにちは、お嬢さん。
ドン	：ありがとう、ナット。
ナット	：オハイオ州中のライラックはどうかな？

ドンはドアを閉める。

ヘレン	：ねえ、ドン、ほらこれ。あなたの答えは？
ドン	：何についてだ？
ヘレン	：これよ。どこかの誰かがそれを戻してきた。なぜ？ その人はあなたに生きていてほしいからよ、その人はあなたに書いてほしいからよ。私はすごい奇跡をお願いしたわけじゃないの。
ドン	：書く！ この手で？ しかもまったく焦点が狂った頭で？
ヘレン	：またさえるわよ。あなたは元気になるわ。
ドン	：そして僕はそこに座っているだけだ、おびえながら真っ白い紙をじっと見つめて。
ヘレン	：いいえ、そんなことないわ。あなたは元気なことがどんな気分か忘れてしまったのよ。
ドン	：僕は何について書くんだろう？ 何を？
ヘレン	：あなたがいつも書きたいと思っていたことよ。私が見つけたページはどこにあったかしら？「酒ビン　ドン・バーナムによる小説」、それ、どんな話になる予定だったの？
ドン	：台無しになった人生について。男と女と酒について。悪夢、恐怖、屈辱、僕が忘れたいすべてについてだ。
ヘレン	：それを紙に書きなさいよ。そうやってそれを取り除いてしまいましょう。このことを全部、関係するみんなに話すのよ。それに関係のある人はとても大勢いるわ、ドン。
ドン	：ああ。

ヘレンはドンの唇の間にタバコを入れる。彼女は台所へ行く。

ヘレン	：私、何か朝食を作るわ。
ドン	：牛乳がどっさりある。君は気づくだろう、僕には最初の1行さえ思いつかないことが。

■ all them lilacs in Ohio
ここでのライラックはドンがかつてナットに言った it smells of all the lilacs に言及したもので、「小説の方はどうかな」と「ヘレンはどうだ、大切にな」を暗示したもの。なお、them lilacs の them は those の非標準用法。

■ What do you say?
「どうなの？、あなたの答えは？、あなたの決心は？」
この表現は How are you? の意味でも使われるが、ここでは What is your anwer or decision? の意味を表して使われる決まり文句。

■ out of focus
「焦点が合って」は in focus。また「焦点を合わせる」は He brought the rose into focus.（彼はそのバラに焦点を合わせた）のように bring...into focus とする。

■ clear up
この意味から The weather cleared up.（晴れた）のように「晴れる」の意味でも頻繁に使われる。

■ white sheet
ここでの sheet は a sheet of paper（1枚の紙）といった具合に「紙」のことで、特に書きもの用の「1枚の紙」をいう。なお、「白紙」という場合は a blank sheet。

■ What was that to be?
直訳「それは何になるはずだったの？」とは「それは何を書くはずだったの？」ということ。

■ messed-up life
動詞の mess up は「台無しにする、めちゃくちゃにする」、形容詞の messed-up は酒や麻薬で「酔った、頭がおかしくなった」の意。そこから、ここでは「酒で台無しになった人生」といったもの。

■ Get rid of it that way
直訳「そういうふうにそれを追い払う」とは「そうやってそれを乗り越える」ということ。get rid of とは「～を取り除く、～を追い払う」の意。また it とは messed-up life のこと。

■ To whom it may concern.
「関係者各位、関係当事者殿」
推薦書や要望書などの宛名に用いる決まり文句。ここでは酒にまつわることで悩みを抱えた人々へ、ということ。

■ quite a
「quite a[an] ＋ 名詞」で「かなり、大した、本当に」などの意を表す。

155

HELEN : Course you couldn't write the beginning because you didn't know the ending. Only now...

Helen sees Don walk over to the glass of rye. He picks it up, stares at it, then drops his cigarette in it.

HELEN : Only now you know the ending.
DON : I'm gonna send one copy to Bim, one to the doctor who loaned me his coat, and one to Nat. Imagine Wick standing in front of a book store. A great big pyramid of my books. A Novel by Don Birnam. "That's by my brother, you know."
HELEN : That's by my fellow. Didn't I always tell you?
DON : I'm going to put this whole weekend down, minute by minute.
HELEN : Why not?
DON : The way I stood in there, packing my suitcase... Only my mind wasn't on the suitcase, and it wasn't on the weekend, nor was it on the shirts I was putting in the suitcase either.

Don remembers the time he was packing his suitcase. The camera pans down to the bottle hanging from a string out the window, then out to the Manhattan skyline.

DON : (V.O.) My mind was hanging outside the window. It was suspended just about eighteen inches below... And out there in that great big concrete jungle, I wonder how many others that are like me. Poor bedeviled guys, on fire with thirst. Such comical figures to the rest of the world, as they stagger blindly towards another binge, another bender, another spree...

---

imagine 想像する, 仮定する ◐
pyramid of my books ◐

my fellow 私の恋人 ◐

minute by minute ◐
Why not ◐

my mind 私の考え, 私が考えていること ◐

suspend ぶら下がる, 宙に浮く

I wonder... 〜を不思議に思う, 〜かどうか知りたいと思う

bedeviled 悪魔につかれた, さんざん苦しめられた ◐
on fire with thirst ◐
the rest of the world 外の人々, 世間の人たち
stagger 不安定に歩く, よろめく
blindly 盲目的に

ヘレン	：	もちろん書き出しが書けるわけないわ、だって結末を知らなかったんですもの。でも今は…

ヘレンはドンがライ・ウイスキーの入ったグラスの方へ歩いていくのを見る。彼はそれを持ち上げ、じっと見て、それからタバコをその中に落とす。

ヘレン	：	ただ今は、結末を知っているわ。
ドン	：	僕はビムと、僕にコートを貸してくれた医者と、ナットに1冊ずつ本を贈るつもりだ。想像してみて、ウィックが本屋の前に立っているところを。うず高く積まれた僕の本の山を。ドン・バーナムによる小説だ。「あのさ、これは僕の弟が書いた本なんだ」ってね。
ヘレン	：	それは私の恋人が書いたのよ、って。私、いつもあなたに言ってなかったかしら？
ドン	：	僕はこの週末のことをすっかり細大漏らさず綴っていこう。
ヘレン	：	そうしなさい。
ドン	：	スーツケースを詰めながら僕がそこに立っていたありさまを…ただ僕の心はスーツケースにも、週末の旅行にも、僕がスーツケースに詰めていたシャツにもなかった。

ドンはスーツケースに荷物を詰めていたときのことを思い出す。カメラは、窓の外のひもで吊り下げられたビンへパンして下がり、それからマンハッタンの町の輪郭へと移動する。

ドン	：	（画面外）僕の心は窓の外にぶら下がっていた。それはちょうど18インチほど下の所に吊り下げられていた…そして、窓の外、偉大で巨大なコンクリートジャングルには、僕のような人間がどれほど多くいることだろう。渇きに耐えられず半狂乱になった哀れな人たち。彼らが盲目的によろめきながら、別の飲み会、別の酒宴、別の酒盛りへと向かうとき、それは外の世界の人々にとって何と滑稽な姿だろうか…

■ imagine
この語は to form a mental picture of something、すなわち何かを頭に思い浮かべること。類似した語 conceive は to form or develop an idea in the mind、つまり想像力を用いて考えをまとめること。

■ pyramid of my books
ここでの pyramid は古代エジプトのピラミッドから、「ピラミッド状のもの、ピラミッドの形に積み上げられたもの」を意味する。

■ my fellow
ここでの fellow は「男、やつ」ではなく、話で「ボーイフレンド、恋人、女性への求婚者」を意味して用いられる。

■ minute by minute
直訳「刻一刻」とは「そのすべてを、細大漏らさず」ということ。

■ Why not?
「そうなさい」
ここでは相手の提案などに対して「よし、いいじゃないか」と同意する際の決まり文句。

■ my mind
ここでの mind は I changed my mind.（私は考えを変えた。）のように one's mind として「考え、気持ち」を意味する。

■ bedeviled
この語は心配事、疑惑、苦しみ、動揺などで「悩まされた、さんざん苦しめられた」との意を表す。

■ on fire with thirst
直訳「渇きで火がついている」とは「激しい渇きに襲われている、酒が飲みたくてごう火の苦しみを受けている」ということ。

原作者チャールズ・ジャクソンについて

　映画『失われた週末』の原作者チャールズ・ジャクソンは、1903年4月6日、ニュージャージー州サミットで5人兄弟姉妹の3番目として生まれた。父の名はフレデリック、母の名はサラ。4年後の1907年、一家はニューヨーク州のニューワークに引っ越すが、やがて大きな悲劇に見舞われることになる。1915年に突然、父が蒸発し、その翌年には姉のテルマと弟のリチャードが悲惨な自動車事故で帰らぬ人となったのである。

　1921年、彼はニューワーク高校を卒業すると、地元紙 Newark Courier で編集の仕事に就く。しかし、その数年後にはダブルデー書店で働き始める。彼が肺結核にかかったのはこの時期だった。ペンシルベニア州のサナトリウムに入ったとき、ドイツの小説家トーマス・マンの小説『魔の山』を読み、感動した彼はヨーロッパへと旅立った。1927年から4年間、同じ病を患っていた弟のフレデリックと共にスイスの保養地ダボスにあるサナトリウムで過ごしている。1931年、どうにか回復したものの、肺を1つ犠牲にした上、飲酒癖がついていた。

　彼がアメリカへ帰国したのは、不況の波がアメリカ全土を覆う大恐慌の真っただ中だった。そのため安定した職を得ることができず、その厳しい現実から逃れるためにさらに酒を飲み、ついには『失われた週末』のドン・バーナムのモデルになってしまったのである。1936年の終わりが近づいたころ、幸運にも CBS で脚本家としての仕事を手に入れる。1938年にはフォーチュン誌に勤めるローダ・ブースと結婚。彼女は、小説さながらに、ジャクソンの弟フレデリックと共に夫のアルコール依存症克服に心血を注いだ。

　1939年、最初の短編小説 Palm Sunday が有名な文芸雑誌 Partisan Review に載ると、彼は CBS を退社してフリーランスの作家となり、数々のラジオドラマの脚色や脚本を手がける。そして1944年1月、待望の長編小説『失われた週末』を出版。この作品が批評家たちから高い評価を受けたことから、ブック・オブ・ザ・マンス・クラブに選ば

れ、ベストセラーになる。この成功により、彼はニューハンプシャー州オックスフォードに農場を購入し、妻と2人の娘と共に移り住んだ。

　この時期が彼の人生にとって最も充実した期間だったと言えるだろう。ジャクソンは多くの短編と2冊の小説 *The Fall of Valor*（1946）、*The Outer Edge*（1950）を出版。前者はアメリカを代表する作家、ハーマン・メルビル（Herman Melville, 1819 - 91）の長編小説『白鯨』（*Moby-Dick*, 1851）から取った表現をタイトルとして使ったもので、批評的にも経済的にも成功を収めた。しかし、後者については失敗だった。このことが原因だったのだろうか、彼は再び酒に手を出し始める。そして50年代に入ると *The Sunnier Side: Twelve Arcadian Tales*（1950）と *Earthly Creatures*（1953）という2冊の短編集を除き、ほとんど作品を発表することなく、経済的にも困窮するようになっていく。

　1954年、ジャクソンは借金返済のためにオックスフォードの農場を売り、家族と共にコネチカットへ引っ越した。それからの12年間は、わずか数編の短編小説といくつかの記事を発表したに過ぎず、もっぱらアルコール中毒についてさまざまな場所で講演して歩き、同じ悩みを抱えた人たちと苦しみや希望を分かち合っていた。また、彼はアルコール依存症からの回復を手助けするために、1935年に設立されたアルコール中毒者自主治療協会において、薬物依存症の恐怖を、自らの体験を交えながら赤裸々に語った最初のスピーカーでもあった。だが努力のかいなく、アルコール中毒患者へと逆戻りした彼はいつしか家族と疎遠になり、1965年、愛人とニューヨークで暮らし始める。そして『失われた週末』の主人公ドン・バーナムのように、想像力の枯渇、恥辱、過度の飲酒癖、ならびに慢性的な肺の病から余生に絶望し、1968年9月21日、ニューヨークのホテル・チェルシーで睡眠薬をあおり、自ら命を絶った。享年65歳。

曽根田　憲三（相模女子大学教授）

スクリーンプレイ出版物のご案内（スクリーンプレイ・シリーズ）

アイ・アム・サム
7歳程度の知能しか持たないサムは、娘ルーシーと幸せに暮らしていたが、ある日愛娘を児童福祉局に奪われてしまう。
中級
A5判 199ページ
【978-4-89407-300-5】

哀愁
ウォータールー橋で出会ったマイラとロイ。過酷な運命に翻弄される2人の恋の行方は…。
中級
四六判変形 172ページ
DVD付
1,575円（税込）
【978-4-89407-445-3】

赤毛のアン
アンは、孤児院から老兄妹に引きとられる。美しい自然の中でアンは天性の感受性と想像力で周りの人を魅了していく。
最上級
A5判 132ページ
【978-4-89407-143-8】

アナスタシア
ロマノフ一族の生き残り、アナスタシアが、怪僧ラスプーチンの妨害を乗り越え、運命に立ち向かうファンタジー・アニメーション。
初級
A5判 160ページ
【978-4-89407-220-6】

アバウト・ア・ボーイ
お気楽な38歳の独身男が情緒不安定な母親を持つ12歳の少年に出会い、2人の間にいつしか奇妙な友情が芽生える。
中級
A5判 160ページ
【978-4-89407-343-2】

雨に唄えば
サイレント映画からトーキー映画の移行期を描いたミュージカル映画の傑作！
初級
四六判変形 168ページ
DVD付
1,575円（税込）
【978-4-89407-443-9】

嵐が丘
荒涼とした館「嵐が丘」を舞台にしたヒースクリフとキャシーの愛憎の物語。
中級
四六判変形 168ページ
DVD付
1,575円（税込）
【978-4-89407-455-2】

アラバマ物語
1930年代、人種差別が根強く残るアメリカ南部で、信念を貫いた良心的な弁護士の物語。
中級
四六判変形 164ページ
DVD付
1,575円（税込）
【978-4-89407-462-0】

或る夜の出来事
ニューヨーク行きの夜行バスで出会った大富豪の娘としがない新聞記者の恋の結末は…。
中級
四六判変形 204ページ
DVD付
1,575円（税込）
【978-4-89407-457-6】

イヴの総て
大女優マーゴを献身的に世話するイヴ。その裏には恐ろしい本性が隠されていた。
中級
四六判変形 248ページ
DVD付
1,575円（税込）
【978-4-89407-436-1】

インデペンデンス・デイ
地球に巨大な物体が接近。正体は異星人の空母であることが判明し、人類への猛撃が始まる。人類の史上最大の作戦の行方は。
中級
A5判 216ページ
【978-4-89407-192-6】

ウエストサイド物語
ニューヨークの下町ウエストサイド。不良たちの縄張り争いの中、出会うマリアとトニー。名曲にのせて送るミュージカル。
上級
A5判 124ページ
【978-4-89407-105-6】

麗しのサブリナ
ララビー家の運転手の娘サブリナ、その御曹司でプレイボーイのデヴィッドと仕事仲間の兄ライナスが繰り広げるロマンス。
初級
A5判 120ページ
【978-4-89407-135-3】

エバー・アフター
王子様を待っているだけなんて耐えられない。そう強くて、賢く、さらに美しい主人公を描いたシンデレラ・ストーリー。
上級
A5判 156ページ
【978-4-89407-237-4】

エリン・ブロコビッチ
カリフォルニアの実際の公害訴訟で全米史上最高額の和解金を勝ち取ったシングル・マザー、エリンの痛快な成功物語。
上級
A5判 174ページ
【978-4-89407-291-6】

価格表示のないものは 1,260 円 (税込)

オズの魔法使　改訂板

ドロシーと愛犬トトは竜巻に巻き込まれ、オズの国マンチキンに迷い込んでしまう。時代を超えて愛されるミュージカル映画。

初級

A5 判 172 ページ
【978-4-89407-427-9】

カサブランカ

第 2 次大戦中、モロッコの港町カサブランカでカフェを営むリックの元に昔の恋人イルザが現れる。時代に翻弄される 2 人の運命は。

中級

A5 判 200 ページ
【978-4-89407-419-4】

風と共に去りぬ

南北戦争前後の動乱期を不屈の精神で生き抜いた女性、スカーレット・オハラの半生を描く。

上級

A5 判 272 ページ
1,890 円 (税込)
【978-4-89407-422-4】

クリスティーナの好きなコト

クリスティーナは仕事も遊びもいつも全開。クラブで出会ったピーターに一目惚れするが…。女同士のはしゃぎまくりラブコメ。

上級

A5 判 157 ページ
【978-4-89407-325-8】

交渉人

映画『交渉人』を題材に、松本道弘氏が英語での交渉術を徹底解説。和英対訳完全セリフ集付き。

上級

A5 判 336 ページ
1,890 円 (税込)
【978-4-89407-302-9】

ゴースト ニューヨークの幻

恋人同士のサムとモリーを襲った悲劇。突然のサムの死には裏が。サムはゴーストとなり愛する人を魔の手から守ろうとする。

中級

A5 判 114 ページ
【978-4-89407-109-4】

ゴスフォード・パーク

イギリス郊外のカントリーハウス「ゴスフォード・パーク」。そこで起きた殺人事件により、階級を超えた悲しい過去が明らかに。

上級

A5 判 193 ページ
【978-4-89407-322-7】

サウンド・オブ・ミュージック

尼僧に憧れるマリアは、トラップ家の家庭教師に。7 人の子どもたちと大佐の心をほぐし、明るい歌声を一家にもたらす。

初級

A5 判 200 ページ
【978-4-89407-144-5】

サンキュー・スモーキング

タバコ研究アカデミー広報部長のニックは巧みな話術とスマイルで業界のために戦うが、人生最大のピンチが彼を襲う！

上級

四六判変形 168 ページ
【978-4-89407-437-8】

サンセット大通り

サンセット大通りのある邸宅で死体が発見された…。その死体が語る事件の全容とは？

中級

四六判変形 192 ページ
DVD 付
1,575 円 (税込)
【978-4-89407-461-3】

幸せになるための 27 のドレス

花嫁付き添い人として奔走するジェーン。新聞記者のケビンは、取材先で出会った彼女をネタに記事を書こうと画策する。

中級

A5 判 208 ページ
【978-4-89407-423-1】

シェーン

"Shane. Come back!" の名セリフを知らない人はいないはず！西部劇の名作中の名作！

中級

四六判変形 164 ページ
1,575 円 (税込)
【978-4-89407-458-3】

シャレード

パリを舞台に、夫の遺産を巡って繰り広げられるロマンチックなサスペンス。

中級

四六判変形 228 ページ
DVD 付
1,575 円 (税込)
【978-4-89407-430-9】

17 歳のカルテ

"境界性人格障害"と診断されたスザンナは、精神科に入院することに。そこで出会った風変わりな女性たちとの青春物語。

中級

A5 判 179 ページ
【978-4-89407-327-2】

JUNO / ジュノ

ミネソタ州在住の 16 歳の女子高生ジュノは、同級生のポーリーと興味本位で一度だけしたセックスで妊娠してしまう。

上級

A5 判 156 ページ
【978-4-89407-420-0】

※ 2011 年 5 月現在

スクリーンプレイ出版物のご案内（スクリーンプレイ・シリーズ）

シンデレラマン

貧困の中、家族の幸せを願い、命を懸けて戦い抜いた男の半生を描く。実在のボクサー、ジム・ブラドックの奇跡の実話。

中級

A5 判 208 ページ
【978-4-89407-381-4】

スチュアート・リトル

リトル家に養子に来たのは何としゃべるネズミ。兄のジョージや猫のスノーベルらと冒険活劇を繰り広げる。

初級

A5 判 256 ページ
1,890 円 (税込)
【978-4-89407-244-2】

スーパーサイズ・ミー

1日3食、1か月間ファーストフードを食べ続けるとどうなる？ 最高で最悪な人体実験に挑むドキュメンタリー映画。

上級

A5 版 192 ページ
【978-4-89407-377-7】

スラムドッグ＄ミリオネア

インドのスラム出身のジャマールは「クイズ＄ミリオネア」に出場し最終問題まで進む。オスカー作品賞に輝く感動作。

上級

A5 判 168 ページ
【978-4-89407-428-6】

第三の男

誰もが耳にしたことがあるチターの名曲とともに、事件の幕があがる…。

中級

四六判変形 188 ページ
DVD 付
1,575 円 (税込)
【978-4-89407-460-6】

ダイ・ハード 4.0

全米のインフラ管理システムがハッキングされた。マクレーン警部補は史上最悪のサイバー・テロに巻き込まれていく。

上級

A5 判 176 ページ
【978-4-89407-417-0】

ダークナイト

新生バットマン・シリーズ第 2 作。最凶の犯罪者ジョーカーとバットマンの終わりなき戦いが今始まる…。

中級

四六判変形 252 ページ
【978-4-89407-451-4】

チャーリーズ・エンジェル

謎の億万長者チャーリーが率いる、3 人の美人私立探偵エンジェルズが披露する、抱腹絶倒の痛快アクション。

中級

A5 判 144 ページ
【978-4-89407-264-0】

ドリーム キャッチャー

幼なじみのヘンリー、ジョーンジー、ピート、ビーヴァ。ある日山で遭難した男性を助けたことから、異生物との対決に巻き込まれる。

上級

A5 判 173 ページ
【978-4-89407-346-3】

ナイアガラ

ローズは、浮気相手と共謀し夫を事故に見せかけ殺害しようと企むが…。

中級

四六判変形 136 ページ
DVD 付
1,575 円 (税込)
【978-4-89407-433-0】

ナイト ミュージアム

何をやっても長続きしないダメ男ラリーが斡旋されたのは博物館の夜警の仕事。だがその博物館には秘密が隠されていた。

初級

A5 判 176 ページ
【978-4-89407-415-6】

バック・トゥ・ザ・フューチャー

高校生のマーティは 30 年前にタイムスリップし、若き日の両親のキューピットに。息もつかせぬ不滅の人気 SF ストーリー。

初級

A5 判 184 ページ
【978-4-89407-195-7】

ハート・ロッカー

イラク・バグダッドで活動しているアメリカ軍爆発物処理班のエイムズ。オスカー作品賞、監督賞に輝いた衝撃作！

中級

四六判変形 188 ページ
【978-4-89407-453-8】

評決

法廷は弱者にチャンスを与えるものという信念を胸に、権力を利用する相手に立ち向かう弁護士フランク。正義はどこに…。

上級

A5 判 122 ページ
【978-4-89407-012-7】

ザ・ファーム 法律事務所

ミッチはハーバード法律学校を首席で卒業、ある法律事務所から破格の待遇で採用を受けるが、陰謀劇に巻き込まれる。

上級

A5 判 216 ページ
【978-4-89407-169-8】

価格表示のないものは 1,260 円 (税込)

フィールド・オブ・ドリームス

アイオワ州で農業を営むレイは、ある日、天の声を聞く。以来、彼は、えも言われぬ不思議な力に導かれていくのであった。

中級
A5 判 96 ページ
【978-4-89407-082-0】

プラダを着た悪魔

ジャーナリスト志望のアンディが就いた仕事は、一流ファッション誌のカリスマ編集長ミランダのアシスタントだった…。

中級
A5 判 160 ページ
【978-4-89407-413-2】

ミッション・インポッシブル

不可能な任務を可能にするスパイ集団IMP。人気 TV ドラマ「スパイ大作戦」をベースにした傑作サスペンス・アクション。

中級
A5 判 164 ページ
【978-4-89407-148-3】

ミルク

アメリカで初めてゲイと公表し、公職についた男性ハーヴィー・ミルク。だが、その翌年最大の悲劇が彼を襲う…。

中級
四六判変形 192 ページ
【978-4-89407-435-4】

メイド・イン・マンハッタン

マンハッタンのホテルで客室係として働くマリサ。ある日次期大統領候補のクリスが宿泊に来たことでラブストーリーが始まる。

中級
A5 判 168 ページ
【978-4-89407-338-8】

モナリザ・スマイル

1953 年のアメリカ。美術教師のキャサリンは保守的な社会に挑戦し、生徒らに新しい時代の女性の生き方を問いかける。

中級
A5 判 200 ページ
【978-4-89407-362-3】

欲望という名の電車

50 年代初頭のニューオリンズを舞台に「性と暴力」「精神的な病」をテーマとした作品。

上級
四六判変形 228 ページ
DVD 付
1,575 円 (税込)
【978-4-89407-459-0】

リトル・ミス・サンシャイン

フーヴァー家は、美少女コンテスト出場のため、おんぼろのミニバスでニューメキシコからカリフォルニアまで旅をする。

中級
A5 判 184 ページ
【978-4-89407-425-5】

レイン マン

チャーリーは父の遺産 300 万ドルを目当てに帰郷したとき、初めて自閉症の兄レイモンドの存在を知る。

最上級
A5 判 140 ページ
【978-4-89407-041-7】

ローマの休日

ヨーロッパ某国の王女アンは、過密スケジュールに嫌気がさし、ローマ市街に抜け出す。A.ヘプバーン主演の名作。

中級
A5 判 172 ページ
【978-4-89407-412-5】

若草物語

19 世紀半ばのアメリカ。貧しいながら幸せに暮らすマーチ家の四姉妹の成長を描く。

中級
四六判変形 224 ページ
DVD 付
1,575 円 (税込)
【978-4-89407-434-7】

ワーキング・ガール

NY の証券会社に勤める OL テスと、上司のエグゼクティブ・キャサリンの仕事と恋をめぐる戦いを描いたコメディー。

中級
A5 判 104 ページ
【978-4-89407-081-3】

ゴースト　～天国からのささやき　スピリチュアルガイド

全米を感動の渦に巻き込んでいるスピリチュアルドラマの公式ガイドブック。シーズン 1 からシーズン 3 までのエピソード内容を完全収録し、キャストやモデルとなった霊能力者へのインタビュー、製作の舞台裏、超常現象解説などを掲載したファン必読の一冊。

B5 判変形 178 ページ
2,940 円 (税込)
【978-4-89407-444-6】

グラディエーター

第 73 回アカデミー作品賞受賞作『グラディエーター』のメイキング写真集。200 点以上の写真や絵コンテ、ラフ・スケッチ、コスチューム・スケッチ、セットの設計図、デジタル画像などのビジュアル素材に加え、製作陣への膨大なインタビューを掲載。

A4 判変形 160 ページ
2,940 円 (税込)
【978-4-89407-254-1】

※ 2011 年 5 月現在

スクリーンプレイ出版物のご案内（その他出版物）

スクリーンプレイで学ぶ 映画英語シャドーイング

英語の音を徹底的に脳に覚えさせる学習法「シャドーイング」。映画のセリフで楽しく学習できます。

岡崎 弘信 著
A5 判 216 ページ
CD-ROM 付
1,890 円（税込）
【978-4-89407-411-8】

音読したい、映画の英語

声に出して読みたい映画の名セリフを、50の映画から厳選してピックアップ。

映画英語教育学会／関西支部 著
藤江 善之 監修
B6 判 224 ページ
1,260 円（税込）
【978-4-89407-375-3】

武士道と英語道

テストのスコアアップだけではない、いわば効果性に強い英語道のすべてを、武士道を通して解説。

松本 道弘 著
四六判変形 208 ページ
『サムライの秘密』DVD 付
3,990 円（税込）
【978-4-89407-379-1】

映画の中のマザーグース

176 本の映画に見つけた、86 編のマザーグース。英米人の心のふるさとを、映画の中に訪ねてみました。

鳥山 淳子 著
A5 判 258 ページ
1,365 円（税込）
【978-4-89407-142-1】

もっと知りたいマザーグース

『映画の中のマザーグース』に続く第2作。映画だけでなく文学、ポップス、漫画とジャンルを広げての紹介。

鳥山 淳子 著
A5 判 280 ページ
1,260 円（税込）
【978-4-89407-321-0】

映画でひもとく 風と共に去りぬ

『風と共に去りぬ』のすべてがわかる「読む映画本」。世界中が感動した名セリフを英語と和訳で解説。裏話も紹介。

大井 龍 著
A5 判 184 ページ
1,260 円（税込）
【978-4-89407-358-6】

映画の中の星条旗（アメリカ）

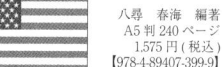

アメリカの現代社会について100のテーマを選びそれについて関係の深い映画の場面を紹介・解説しています。

八尋 春海 編著
A5 判 240 ページ
1,575 円（税込）
【978-4-89407-399-9】

映画で学ぶ アメリカ文化

文化というとらえがたいものでも、映画を観るならば楽しんで学ぶことができます。アメリカ文化を解説した1冊。

八尋 春海 編著
A5 判 264 ページ
1,575 円（税込）
【978-4-89407-219-0】

アメリカ映画解体新書

もう一度聴きたいあのセリフ、もう一度逢いたいあのキャラクターに学ぶ、人間・文化＆口語表現。

一色 真由美 著
A5 判 272 ページ
1,575 円（税込）
【978-4-89407-167-4】

イギリスを語る映画

イギリスを舞台にした30 本の映画を取り上げ、スクリーンに何気なく映し出される光景から感じられる文化や歴史を解説。

三谷 康之 著
B6 判 172 ページ
1,575 円（税込）
【978-4-89407-241-1】

映画（シナリオ）の書き方

いいシナリオには秘密があります。アカデミー賞受賞映画を分析し、優れた映画シナリオの書き方をお教えします。

新田 晴彦 著
A5 判 304 ページ
1,365 円（税込）
【978-4-89407-140-7】

スクリーンプレイ学習法

映画のセリフは日常で使われる生きた英語ばかり。本書では、映画シナリオを使った英会話学習法を全面解説。

新田 晴彦 著
A5 判 212 ページ
1,835 円（税込）
【978-4-89407-001-1】

今どこにある危機

憲法改正、日米関係、イラク問題…今日本が直面している問題にフランクな解説！さらに素朴な疑問にも答える Q&A も。

舛添 要一 著
四六判変形 192 ページ
840 円（税込）
【978-4-89407-361-6】

映画で学ぶアメリカ大統領

国際政治学者である筆者が、11本もの大統領映画を通してアメリカの大統領制や政治、社会の仕組みを解説します。

舛添 要一 著
B6 判変形 272 ページ
1,000 円（税込）
【978-4-89407-248-0】

映画を英語で楽しむための 7つ道具

40 本の映画をコンピューターで分析。Give, Get など、7つの単語で英語のほとんどを理解・運用することができます。

吉成 雄一郎 著
B6 判 208 ページ
1,260 円（税込）
【978-4-89407-163-6】

使える！英単語

『ダイハード』をドキドキ楽しみながら、英単語を身につけよう。単語帳では覚えられなかった単語をバッチリ定着。

山口 重彦 著
A5判 200ページ
1,325円（税込）
【978-4-89407-128-5】

映画で学ぶ英語熟語150

重要英語表現150項目が、おもしろいほどよくわかる！ロッキー・シリーズで覚える、全く新しい英語熟語攻略法。

山口 重彦 著
A5判 148ページ
1,835円（税込）
【978-4-89407-013-4】

海外旅行の必修英会話120

映画だからできる海外旅行疑似体験。そこで交わされる会話をマスターすれば、もう海外旅行も恐くない。

萩原 一郎 著
B6判 248ページ
1,325円（税込）
【978-4-89407-010-3】

映画で学ぶ中学英文法

本書は「スターウォーズ」シリーズ（エピソード4～6）から100シーンを選び、それぞれの中学重要英文法を詳しく解説。

内村 修 著
A5判 222ページ
1,835円（税込）
【978-4-89407-006-6】

中学生のためのイディオム学習

中学3年間でマスターしておきたい重要イディオム171項目を映画からの実例を合わせ、詳しく解説しました。

山上 登美子 著
B6判 217ページ
1,325円（税込）
【978-4-89407-011-0】

高校生のためのイディオム学習

教科書だけではピンとこなかったイディオムも、映画で確認すれば、よくわかる！頻出イディオムなんて恐くない？

山上 登美子 著
B6判 209ページ
1,325円（税込）
【978-4-89407-017-2】

ビジネスマンの英会話

ビジネスにおける様々な状況を映画の中から選び、日本人が積極的に使いこなしたい表現を集めました。

木村 哲也 編著
B6判 196ページ
999円（税込）
【978-4-89407-090-5】

映画英語教育のすすめ

英会話オーラル・コミュニケーション教育に「映画」を利用することが注目されています。全国の英語教師必読の書。

スクリーンプレイ編集部 著
B6判 218ページ
1,325円（税込）
【978-4-89407-111-7】

結婚・家庭・夫婦の会話

夫婦や家族間の会話を中心に取り上げ、皮肉やジョークなど多種多様な表現を盛り込みました。

新田 晴彦 著
B6判 266ページ
999円（税込）
【978-4-89407-078-2】

これでナットク！前置詞・副詞

日本人にはなかなか理解しづらい前置詞・副詞を、映画での用例を参考に、図解を用いてわかりやすく解説。

福田 稔 著
B6判 180ページ
1,325円（税込）
【978-4-89407-108-7】

フリーズの本

聞き取れないと危険な言葉、覚えておきたい表現を、アメリカ英語から集めた1冊。

木村 哲也／
山田 均 共著
B6判 184ページ
999円（税込）
【978-4-89407-073-8】

アメリカ留学 これだけ覚えれば安心だ

「フリーズの本」の続編知らないと危険な単語や表現、アメリカで安全に生活するための情報を満載。

新田 晴彦 著
B6判 236ページ
1,325円（税込）
【978-4-89407-104-9】

中国を制す自動車メーカーが世界を制す

年間販売1,000万台を超過した中国自動車市場。日本自動車産業に勝算はあるか？中国モータリゼーションの解説書。

周 政毅 監修
A5判 320ページ
1,260円（税込）
【978-4-89407-442-2】

プリウス or インサイト

国産エコカーの両雄がガチンコ勝負の真っ最中！迷っている人のために60日間乗り比べ、完全比較。

福田 将宏 監修
B6判 300ページ
998円（税込）
【978-4-89407-438-5】

ビッグスリー崩壊

世界自動車産業を30年にわたって調査研究してきた著者が、そもそもの震源地で、いったい何が起こっているのか、を解明。

久保 鉄男 著
A5判 304ページ
1,890円（税込）
【978-4-89407-429-3】

※ 2011年5月現在

クラシック・スクリーンプレイ (CLASSIC SCREENPLAY) について
　クラシック・スクリーンプレイは著作権法による著作権保有者の保護期間が経過して、いわゆるパブリック・ドメイン (社会全体の公共財産の状態) になった映画の中から、名作映画を選んでスクリーンプレイ・シリーズの一部として採用したものです。

名作映画完全セリフ集
スクリーンプレイ・シリーズ 155
失われた週末
2011年5月25日初版第1刷

監　　　修：曽根田　憲三
翻　　　訳：宮本節子／小嶺智枝／曽根田　純子／
　　　　　　塩川千尋／三井美穂／宮津多美子／
　　　　　　曽根田憲三
語句解説：曽根田　憲三
協　　　力：Bruce Perkins
前文・コラム：曽根田　憲三／鈴木　涼太郎／宮本節子／
　　　　　　羽井佐　昭彦／小嶺智枝／石垣弥麻
英文構成：Mark Hill ／スクリーンプレイ事業部
編　集　者：岸本和馬
発　行　者：鈴木雅夫
発　売　元：株式会社フォーイン　スクリーンプレイ事業部
　　　　　　〒464-0025　名古屋市千種区桜が丘292
　　　　　　TEL：(052) 789-1255　FAX：(052) 789-1254
　　　　　　振替：00860-3-99759
印刷・製本：株式会社チューエツ

定価はカバーに表示してあります。
無断で複写、転載することを禁じます。
乱丁、落丁本はお取り替えいたします。

Printed in Japan
ISBN978-4-89407-463-7

付属 DVD について

＜再生上のご注意＞
- DVD ビデオは映像と音声を高密度に記録したディスクです。DVD ビデオ対応のプレーヤーで再生してください。詳しくは、ご使用になるプレーヤーの取扱説明書をご覧ください。
- メイン・メニュー画面で「チャプター」を選択すれば、チャプター・メニュー画面が表示され、特定のチャプターを再生することができます。

＜取扱い上のご注意＞
- ディスクは、両面共に指紋、汚れ、キズなどをつけないように取り扱ってください。
- ディスクが汚れたときは、メガネふきのような柔らかい布で内周から外周に向かって放射状に軽くふき取ってください。レコード・クリーナーや溶剤などは使用しないでください。
- ディスクは両面共に、鉛筆、ボールペン、油性ペンなどで文字や絵を書いたり、シールなどを貼ったりしないでください。
- ひび割れや変形、または接着剤などで補修したディスクは、危険ですから絶対に使用しないでください。

＜保管上のご注意＞
- ご使用後は必ずディスクをプレーヤーから取り出し、直射日光の当たる所や高温・多湿の場所を避けて保管してください。

＜おことわり＞
- クラシック作品のため、一部映像・音声の乱れ、ノイズがあることがあります。あらかじめご了承ください。
- この DVD ビデオは日本国内における一般家庭での私的視聴に用途を限定しています。したがって、この DVD ビデオの一部または全部を無断でレンタル、販売、複製、改変、放送、インターネットによる公衆送信、上映等の行為を行うことは法律によって一切禁止されています。

SPC-15	101 min	片面 1 層	モノクロ	MPEG-2	複製不可
DVD VIDEO	4:3 スタンダードサイズ		NTSC 日本市場向	DOLBY DIGITAL	